Verlorene Worte
Words that got lost

Eine Sammlung deutscher und englischer Gedichte
A collection of German and English poems

Für Michael Kusch, meinen persönlichen Mr. Keating.
Carpe diem!

© 2023, Hannah Roitzsch
Herstellung und Verlag:
BoD – Books on Demand, Norderstedt
ISBN: 9783757812386

Inhalt

~~~

II

Vorwort

Kaum ein Gedicht wird jemals geschrieben, um von der Welt gesehen zu werden. Die meisten Gedichte entstehen im Zwielicht, hinter vorgezogenen Vorhängen, vergraben unter Schichten aus Decken und Emotionen. Der Sinn der meisten Gedichte wird erst dann ersichtlich, wenn die Worte bereits auf dem Papier stehen, rau und roh.

Viele Gedichte tun weh. Sie sind Stoff von tausender Worte, komprimiert auf eine oder zwei Seiten. Mehr noch; sie sind das Überbleibsel dessen, was gesagt wird, wenn Worte zum Beschreiben nicht mehr ausreichen. Sie kehren das Innerste nach außen und berühren dort, wo es am meisten schmerzt – oder guttut.

Die Gedichte in diesem Sammelband sind nicht chronologisch sortiert. Sie sind in einer Zeitspanne von mindestens sieben Jahren entstanden, die neuesten wenige Monate alt, die ältesten schon wieder fast vergessen. Sie sind keine biografischen Dokumentationen, nicht einmal Einblicke in das Leben der Autorin – in mein Leben. Es sind vielmehr Fragmente derer, die ich einst war, bin, oder vielleicht irgendwann sein werde.

Dieses Buch verfolgt kein Ziel. Keines dieser Werke verlangt eine Interpretation. Aber wenn du es gefunden hast, dann lädt es dich ein auf eine Spurensuche – nach den Worten, die verloren gingen, oder vielleicht nie gesagt werden wollten.

Lass' dich darauf ein.

PART 1

Ein Dichter schreibt keine Gedichte, um seine Seele zu heilen. Er hebt die Bruchstücke auf und gibt ihnen einen Titel.

Blüten

Verlorene Liebe

Dunkler Tage tiefer Schatten
Neiget sich und frisst das Licht
Menschen, die einst Freude hatten
Brechen unter Last Gewicht
Blaue, helle, herrlich Augen
Fest verankert in der Zeit
Haben Hoffnung noch, und Glauben
Halten noch die Flügel weit.
Heiße, scharfe Liebesschmerzen
Drängen mich vom Wege fort
Du für immer bleibst im Herzen
Du bleibst mir an diesem Ort.

~~~

Zweisam allein

Du bist dunkel
Ich bin hell
Du bist langsam
Ich bin schnell
Zwei einsame Herzen
Die sich verein'n
Auf den Wege
Dann zweisam zu sein.
Gegensätze ziehen sich an
Gleich und gleich gesellt sich gern
An manchen Tagen kenne ich dich

An anderen bist du mir fern.
Ich seh' die Sterne
Ich seh' das Licht.
Ich seh' so vieles –
Dich seh' ich nicht.
Selbst wenn wir miteinander sprechen
Reden wir aneinander vorbei.
Trotzdem sind wir seltsam verbunden,
wir sind eben zweisam allein.

~~~

Morgenröte

Der Himmel blutet
Der Himmel brennt
Tiefe Wunde, rot auf blau
Todesschmerzen, Tränensalz
Dunkelheit am Horizont
Morgenröte frisst den Himmel
Schwerer Tage tiefer Schnitt
Gebrochene Herzen
Falsches Lachen
Tauchen, Schwimmen, Untergehen
Verlorene Liebe
Im Morgenrot

Würdest du?

Träfst du mich, verloren wie ich bin,
unter dem Dach der Sterne?
Winktest du mir aus der Ferne,
verloren, wie ich bin?

Hälfst du mir, die ich hilflos bin,
beim Ausbreiten meiner Schwingen?
Hörtest du meine Stimme singen,
so hilflos ich auch bin?

Hieltst du mich, so klein wie ich bin,
in Sicherheit an deiner Hand?
Führtest du mich durch gesichertes Land,
mich, so klein ich doch bin?

Nähmst du von mir, die ich selbst nur bin,
die Hand meiner Liebe an?
Vertrautest du, dass ich dich lieben kann
Auch wenn bloß ich selbst ich bin?

~~~

Die Liebe

Ich glaube, ich traf die Liebe einst,
sie ist ein recht seltsam Geschöpf.
Sie blickte mich an, ganz keck, ganz dreist,
und verschwand dann plötzlich wie ein Geist.

Ich glaube, ich traf die Liebe einst,

sie wies mir den Weg durch die Nacht.
Sie ist mit Licht vor mir hergereist
Und hat mir gewiesen den Weg ganz leis.

Ich glaube, ich traf die Liebe einst,
sie kreuzte im Flug meine Bahnen.
Sie ist es, die sie zum Glück uns weist
Und doch die, vor der alle warnen.

~~~

Wie ein Sonnenstrahl

Wie ein Sonnenstrahl
An einem grauen Tag
Spielend leicht und so
Natürlich
Wie die warmen Arme
Der Geborgenheit.

Süß wie der Duft
Geschmolzener Träume
Bunt und vollkommen
Befreit
Wie die weiten Schwingen eines Seeadlers.

Eine liebliche Musik
Wie ein Tanz im Regen
Spielerisch verführend
Und
Die Zeit wird
Ganz und gar unwichtig

Bei dir.

~~~

<u>Du</u> (für Lilly)

Du bist das Feuer
Das an kalten Tagen brennt.
Du bist frei und wild bis man dich kennt
Ein wunderschönes Ungeheuer.

Du bist die Erde
Stark und beständig stets.
Der Boden auf dem ein jeder geht
Und ein Schlafplatz wenn ich müde werde.

Du bist der Wind
Der vor Leichtigkeit singt.
Jede Note voll Lebenslust klingt
Wenn du tanzt so wie ein Kind.

Du bist das Wasser
Voll unendlicher Tiefe.
Und wenn ich dunkelster Nacht ich riefe
Dann kämst du ohne Zögern her.

Liebeskummer

Wer Herzen bricht
Muss Acht geben wen
Er
Oder sie
Berührt,
denn das Blut an den Händen
bleibt
wie die Splitter des zerbrochenen
Bilderrahmens
Kalt
Leichen dessen was einst war
Silhouetten eines Gefühls
Das verpufft ist
Wie Wolken im Wind
Für immer

~~~

Liebeskummer: Variation

Die Rose auf dem
Fensterbrett
Verliert ihre Blätter
Der Regen mal
Tränen
Auf das Glas
Der Mond am dunklen
Himmel
Strahlt nicht mehr
Und in meinem

Herzen
Verstummt die Musik

~~~

Nachts (für Joseph von Eichendorff)

Es ist als hätt' die Erde
In den Himmel sich gehüllt
Und die tiefe, blaue Schwere
Ist von Leichtigkeit erfüllt.

Die Vögel singen sachte
Sie singen nur für mich
Und meinen Schatten bei Nachte
Geworfen durch das Licht

Das Mondes, der da schweiget
Die Luft schimmert so klar
Während die Nacht sich neiget
Und erinnert, was einst war.

~~~

Die Welt erwacht im Frühlingsgrün (für Heinrich Heine)

Die Welt erwacht im Frühlingsgrün
Die Amsel singt frohlockend
Die Blumen fangen an zu blüh'n
 - das haut mich aus den Socken!

Schlaftrunken streckt die holde Maid

Den Kopf raus in die Sonne
Der Wind bläht auf ihr weißes Kleid
Und sie lacht auf voll Wonne.

Musik schwillt an in meinen Ohren
Schwebt über Wiesen fort
Ward ich ein zweites Mal geboren
Wollt' ich an einen andren Ort.

~~~

Zusammen

Halt mich fest
Wenn alle Stricke reißen
Und unsere Welt zerbricht
Wie Glas.

Halt mich fest
Wenn die Erde wegbricht
Und unsere Leben fallen
Wie Steine.

Halt mich fest
Wenn der Strom uns umspült
Und wir versinken
In der Flut.

Halt mich fest
Wenn du nicht mehr atmen kannst
Und gib mir ein Zeichen
Dann halt ich auch dich.

Stürme

Schwarze Glut

Schwarze Glut
Erkaltet und doch
Feurig
Gesunken in Wasser
Verglüht in Scham
Trockene Zweige
Verstorben und doch
Lebendig
Gefallen im Winter
Verloren im Hass
Verblühte Blumen
Vergangen und doch
Erquickend
Gestorben in Kälte
Verlassen in Not
Schwarz glühende Worte
In meinem Herzen
Trocken und kalt verblüht
Gehalten in Ehren
Ob Scham und Not
Der Hass verrinnt und zurück bleibt
Leere
Erfüllt durch nichts als Glut
Erblühend entzündet nur um
Bald darauf wieder zu
Verglühen.

Funkenflug

Ein Funke,
klein und unscheinbar,
berührt mein Herz.
Kleinen Vögeln gleich tanzt er
Durch die erkaltende Luft
Um Licht zu spenden und Wärme.
Im Kampf gegen die
Schwerkraft zieht er mich
Magisch an und für einen Moment
Leuchte ich selbst.
Ein kleiner Funke
Erweckte mein Leben,
dann trug der Wind ihn schon
wieder davon.

~~~

Masken

Hinter den Masken eines Menschen
Sieht es of ganz anders aus
Als der Schein vermuten lässt.
Hinter der Stille lauter Worte
Verbirgt sich oft ein Schrei
Nach Hilfe und Bedeutung.
Hinter dem Lächeln leerer Augen
Glänzen oft die Tränen
Der Scham und des Peines.
Hinter Fassaden von Glück
Verstecken sich oft Narben

Von Trauer und Angst.
Der Schein lässt vermuten,
dass es anders aussieht
als man durch die Masken der Menschen
Erkennen kann.

~~~

<u>Glück</u> (für Hanna)

Ich habe
Geweint und
Geschrien und
Gezweifelt und
Mich gefürchtet doch
Nun
Bin ich hier und
Vielleicht nicht ohne Narben
Doch
Heil und gefunden
Von mir selbst
Muss mich nicht
Mehr suchen und
Kann endlich
Das Glück
Vor meinen
Augen
Sehen

Stundenglas

Die Erde ist ein Stundenglas
Der Sand verrinnt mit jedem Tag
So schnell kein Mensch zu schaun vermag
Und jeder des andern Taten vergaß.

Die Sonne ist ein Stundenglas
Der Sand verbrennt in ihrem Schein
Lässt Kinder in den Flammen allein
In stummen Schreien brennt Öl und Gas.

Die Länder sind ein Stundenglas
Der Sand verfliegt aus ihren Waffen
Die nur gewaltsam Frieden schaffen
Ihre Brutalität für die Skrupel das Maß.

Die Bäume sind ein Stundenglas
Der Sand liegt schweigend zu ihren Füßen
Stumm wartend, wissend, nichts tun zu müssen
Vergrünt das Chaos mit Blume und Gras.

Die Worte sind ein Stundenglas
Der Sand versickert ungehört
Die Ruhe wird durch nichts gestört
Neben Verbot und Strafe und Erlass.

Ich selber bin ein Stundenglas
Der Sand läuft rasch durch meine Hand
Verloren, zu starren Verzweifeln gebannt
Vergessen, was einst über Hoffnung ich las.

Umgeben von Zeit
Umgeben von Scherben
Zersetzt von der Angst
Als Stundenglas zu sterben.

~~~

Was ich zu wissen glaubte

Was ist, wenn ich mich irrte
All die Male
Wenn ich schreib von blütenzarter
Hoffnung und blutdurchtränktem Schmerz?

Was ist, wenn alles, was ich glaubte
Nichts ist als eine Illusion
Vertuscht von langen, lauten Worten
Doch leer im Angesicht der Welt?

Was ist, wenn alle meine Texte
Dreiste Lügen sind
Die ich in Ermanglung bess'ren Wissens
An den Himmel male wie Regenbögen?

Was ist, wenn ich mich irre
Immer noch
Und ich nicht einmal mir selbst vertraue –
Was bleibt dann noch für mich?

Wolken

Tränenfluss

Das Mondlicht fällt durch die Bäume
Die Blätter rauschen sacht
Un eine kleine Seifenblase
Schwebt still und einsam durch die Nacht.
Sie ist gefüllt mit all den Träumen
Die ein Mensch im Leben hat
Ob er sie nun laut erzählt
Oder sich nur im Stillen macht.
Doch plötzlich schließt das Himmelszelt
All seine Tore zu.
Wolken ballen sich zusammen
Das Lichte wird gebannt im Nu.
Und die zarte Seifenblase
Bleibet stehn an Stell' und Ort
Man höret kaum ihr sanftes Reißen,
sie zerplatzt, dann ist sie fort.
Und alle Träume, jede Hoffnung
Wird verschluckt von sanftem Wind
Keiner wird sie jemals sehen:
Die im Tränenfluss verschwunden sind.

~~~

Vergänglich (für Nele)

Hast du jemals, in der Zeit, die du lebst,
die Sterne am Himmel gezählt?
Hast du jemals gefühlt wie du schwebst,

hast die Freiheit selbst ausgewählt?

Hast du dir mal in einer ruhigen Nacht
Die Hoffnung ins Herze genommen?
Sie gefangen, geschützt und mit ihr gelacht,
gehofft, sie wird nie entkommen?

Sag, kennst du die Zahl an Leben du hast,
hast du sie für dich auch gelebt?
Die Hoffnung mach vielleicht kurz bei dir Rast,
die Zeit ist es, die dir vergeht.

~~~

Schmerz

Kohlen brennen auf der Haut
Wie der Verrat in meinem Herzen.
Ein Feuer bevor der Morgen graut
Erleuchtet und nährt die Schmerzen.

Tränen brennen hinter den Augen
Heller noch als Flammenpracht.
Träume, die alleine verstauben
Hämisch die Verzweiflung lacht.

Hoffnung fällt aus meinen Händen
Ich war nicht immer gut zu dir.
Nicht Flammen von einhundert Bränden
Taten so weh wie du tatst mir.

Versprechen

Du wartest
Hast du gesagt
Du bleibst
Hast du gesagt
Du verstehst
Hast du gesagt
Du hörst
Hast du gesagt
Du weißt
Hast du gesagt
Du glaubst
Hast du versprochen.
Du hast
Gewartet
Und bist
Geblieben
Verstandest und hörtest und
Wusstest, aber
Du hast mir nicht
Geglaubt.

Letzter Anruf (für Anne)

Ich höre oft noch deine Stimme
Durch das Telefon an der Wand
Halte jedes Mal kurz inne
Denk daran, wie sie verschwand.

In Gedanken sing ich Lieder
Oftmals stößt du mit dazu.
Singen schief, doch lachen wieder
Und am fröhlichsten bist du.

Tage werden Jahre lang
Doch ich warte, warte still.
Hoffe auf dich, irgendwann
Weil ich dich gern hören will.

Oft noch wähl' ich deine Nummer
Ruf verlor'ne Seele an.
Doch es bereitet nichts als Kummer –
Lang schon gehst du nicht mehr dran.

~~~

Schwäche

Ich möchte loslassen
Aufgeben
Nachgeben
Und das Leben
Stoppen
Für einen Moment.

Ich möchte fortgehen
Wegrennen
Durchbrennen
Und niemanden kennen
Kurz
Für einen Moment.

Ich möchte fallen
Klein sein
Schwach sein
 Und im Nachhinein
Sehen
Dass das stark war.
In dem Moment.

~~~

Letztes Mal

Selten spürte ich deine Hand
So intensiv wie heute.
Ich hab von Weitem dich erkannt
Inmitten fremder Leute.

Selten sah ich deinen Blick
So tief und warm wie jetzt.
Ein Quäntchen altbekanntes Glück
Das auf die Last sich setzt.

Selten war dein Abschiedswinken
Solch einen Herzensqual.
In mein Bewusstsein wird's noch sinken:
Es war das letzte Mal.

Vergeben

Ich habe dir schon lang vergeben
Aber ich brauche noch etwas Zeit.
Ich hätte dich gern in meinem Leben
Aber ich bin noch nicht bereit.

Die Wunden sind schon längst verheilt
Aus ihnen werden kaum mehr Narben.
Aber das Zögern noch etwas weilt
Du musst noch ein wenig warten.

Du musst mir glauben, ich vermisse dich
So gerne sähe ich dein Gesicht.
Doch während die Wut auf dich schon wich
So kann ich mir vergeben noch nicht.

~~~

Schuld

Mein schwarzer Mantel ist so alt
Vergraut und voller Flicken.
Weggeben möchte ich ihn bald
In Ungewiss' ihn schicken.

Obwohl ich ihn seit Jahren trag
Sitzt er wie angegossen.
Passt mir wie am ersten Tag
Mit jedem Knopf geschlossen.

Der Mantel war einst ein Geschenk

Nicht ableh'n konnt' ich ihn.
Selbst wenn nicht gern ich an ihn denk'
Muss an ich ihn stets zieh'n.

Mein schwarzer Mantel ist so schwer
Er raubt mir glatt den Atem.
Ihn los werde ich nimmermehr
Werd' ihn für immer tragen.

~~~

Dunkelheit

Wenn wir uns fürchten vor Dunkelheit
Dann fürchten wir nicht die Einsamkeit
Uns graut vor dem was man nicht sieht
Was stillschweigend verborgen liegt.

Im Hellen schlafen die Monster, doch
Sie lauern nur bis zum Abend noch
Und kriechen aus ihren Verstecken dann
Wenn niemand dem Schrecken fliehen kann.

Angst wiegt schwerer im Schutz der Nacht
Wenn nur der Mond uns hämisch lacht
Doch fürchten wir nicht die Einsamkeit
Sondern die Monster der Dunkelheit.

Einsamkeit

Die Person im Spiegel
Spricht nicht mehr mit mir
Dafür reden die Schatten
Wenn die Sonne untergeht
Und meine Gedanken
Spielen eine bittersüße Symphonie
In meinem Kopf.
Eine Wand voller Polaroids
Schatten der Person
Die ich eins war
Und die Wärme einer Hand
Die meine hielt
Einmal.

~~~

Einsamkeit: Variation

Kälte wie ein Mantel
Eine Atmosphäre um mich
Ein Mensch muss atmen
Kalte Luft
Geister sind auch Gesellschaft
Und Worte
Führen Selbstgespräche
In der Stille meiner Nacht.

Käfig und Flügel

Wenn ich ein Vogel wäre
Und Flügel hätt', so weit
Dann flög' ich in die Ferne
- so dacht' ich lange Zeit.

All die langen Jahre
Starrte ich durch das Glas
Auf den Zeiger der Uhr und warte
Auf ein Gefühl, das ich längst vergaß.

Kämst du doch heute zu mir
Und bötest den Ausweg mir an
- ich flöge nicht, ich blieb' hier
Obwohl ich jetzt fliegen kann.

~~~

Sieh mich (nicht) an

Die Stille tropft wie Blut
Von deinen kalten, klammen Händen
Heiß
Wie die Wut in meinem Bauch –
Sieh' mich nicht an!

Mein Herz pumpt Säure
Wie Nadelstiche deiner Blicke
Laut
Wie das Rauschen in meinen Ohren –
Wende dich nicht ab!

Meine Gedanken kreisen unaufhörlich
Um dich und uns und wer wir sind
Verloren
Bedeutungslos im Angesicht des Spiegels –
Falle und steh' nie wieder auf!

Nebel

Sternenküsse

Die Wolken hoch am Himmelszelt
Glänzen wie von Gold
Als hätten die Menschen dieser Welt
Die Sterne herabgeholt.

Einigkeit und Frieden geht
Bis übers ganze Land
Solang der Mond am Himmel steht
Geh'n die Menschen Hand in Hand.

Und die, die in der Einsamkeit
Trübsinnig sind, verloren
Die öffnen ihre Arme weit
Als wär'n sie neu geboren.

Hass und Wut des Lebens
Verharren still und stumm
Manche tappen vergeblich
Im Dunklen noch herum.

Die Welt, die liegt in Liebe
Und wer sich drauf verlässt
Auf diese neuen Triebe
Den haben die Sterne geküsst.

Zeit

Manchmal halte ich inne und
Sammle die Dinge die ich einst verlor
Ein Lächeln
Ein Bild
Die Hoffnung
Einen Freund
Vertrautes
Und Fremdes
Und eine Hand in meiner.
Manchmal wiegt nichts noch
Schwerer als alles
Und manchmal ist Trauer schwerer
Als Glück
Doch manchmal gibt allein die Zeit
Verlorene Dinge uns zurück.

~~~

Blaues Blut

Worte ritzen scharf wie Klingen
Ihre Spuren ins Papier
Still, melodisch auf den Schwingen
Starr gefasst im Jetzt und Hier.

Blaues Blut benetzt die Seite
Strich um Linie, Punkt um Wort
Begrenzt unendlich enge Weite
Zeigt geheimnisvollen Ort.

Zeit verfließt wie Sand dem Leibe
Träume schwinden, unerkannt
Sodass das Wort alleine bleibe
In blauem Blut auf weißer Wand.

~~~

Im Auge des Sturms

Im Auge des Sturms
Ist alles ganz still
Als hielte die Zeit inne
Und holte kurz Luft.

Im Auge des Sturms
Ist alles ganz ruhig
Als schliefen alle Töne
Und schwiegen sich aus.

Im Auge des Sturms
Ist das Chaos weit weg
Als gönne das Leben Frieden
Für einen Augenblick.

Die Welt hört auf zu drehen
Für einen Wimpernschlag
Und nicht einmal man selbst lebt
Im Auge des Sturms.

Ein Traum verrinnt

Ein Traum verrinnt
Von Schwingen getragen
Zu kalter Sorge
Schmerz und Not

Das Herz schlägt kraftlos
Hoffnung versackt
Zeitenkuss am Horizont
Lichtverlust in stummem Schmerz

Gestorbene Liebe
Gestohlenes Herz
Tränenbruch und
Hoffnungsschimmer
Tod.

~~~

Wacher Traum

Wie schatten im Licht
So heimlich verborgen
An Orten ohne Nöte und Sorgen
Schlummert der Tage Last Gewicht.

Ein wacher Traum
Ein Hauch der Wahrheit
Im Lieben und Hoffen und Glauben vereint
Verschmilzt in düsterem, kleinem Raum.

Lichterne Schatten
Träumen erwacht
Sie warten nicht mehr auf die Nacht
Weil sie schon die Kraft verloren haben.

~~~

Regenküsse

Ein Traum im Fallen,
Tropfenform
Zerschellt auf kalter Haut.

Ein leises Hallen
Neugebor'n
Gegründet auf Vertrauen.

Das Wolkenmeer verbirgt das Licht
Es lodert immer gut geschützt.
Für immer lieben wird wohl sich
Wer im Regen sich geküsst.

~~~

Scheideweg

An manchen Tagen hab' ich zwei Köpfe
Der eine will stehen, der zweite geh'n.
So sehr ich meine Gedanken erschöpfe
Ich kann niemals das Richtige seh'n.

An manchen Tagen stell' ich mir Fragen

Und antworten sollte nicht schwierig sein.
Doch ich mag keine Antwort wagen
Mag keinen Weg einschlagen allein.

An manchen Tagen habe ich Angst
An anderen Tagen vertraue ich dir.
Weil du einen Weg mir weisen kannst
Auch wenn ich verliere ein Stück von mir.

~~~

Beeindruckt

Es beginnt kribbelnd in den
Fingerspitzen
Und breitet sich im Körper
Aus.
Kein Wort ist groß genug um es
Zu erfassen
Selbst wenn man sich größte
Mühe gibt.
Es ist hell und warm und
Gleichzeitig kalt und
Es leuchtet in der Dämmerung
Und erlischt des Nachts.
Festgenagelt, eingefroren
Erstarrt in Ehrfurcht
Eine Realisation:
Das ist Glück.

Brennende Kälte

Hass schmeckt süßlich scharf
Wie eine Peperoni oder der Stich einer
Heißen Klinge.
Hoffnung schmeckt würzig mild
Leicht bitter im Abgang wie Maronen oder
Ein trüber Frühlingstag.
Hass ist heiß
Wie glühende Kohlen im Kamin und
Nach dem Schmerz folgt Taubheit.
Hoffnung ist warm
Wie ein Bad nach einem langen Tag und
Auch sie macht auf Dauer taub.
Hass klingt laut
Wie zerbrechende Träume und
Scherben auf Fliesen.
Hoffnung ist leise
Wie Wind in den Baumkronen und
Oft nicht einmal zu hören.
Und auf Hass zu hoffen fühlt sich an
Wie Hoffnung zu hassen.

~~~

Hauchzart

Blass und
Manchmal blühend und
Manchmal grau in sterbender Furcht
Und weich und
Manchmal rau und

Durchzogen von Narben, die auf meiner
Seele liegen und
Wunderschön und
Sensibel und
Manchmal schmerzresistent und
Oft dünn und
Manchmal dick und
Eigentlich nur ich.

~~~

<u>Die Nacht</u>

Wer hat der Nacht
So flüsternd leis'
Die Farben weggestohlen?
Wer hält sie fest,
bestechend frech,
für Tags sie sich zu holen?

Wer raubte rasch
Mit flinkem Sprung
Der dunklen Nacht den Ton?
Wer wartet bis
Die Sonne lacht
Als wenn der Nacht zum Hohn?

Wer dacht' sich aus
Den Sinn der Nacht
- zum Ruhen sie erhoben
So sind jedoch
In tiefster Nacht

Die schönsten Ding' verwoben.

~~~

Herbst

Das Erdenrund hält inne
Grau wird das Himmelszelt
Und süß umarmt die Sinne
Der Nachtgesang der Welt.

Die Bäume lassen sachte
Hinab ihr buntes Kleid
Es hebt sich an die Nachte
Es wacht die dunkle Zeit.

Doch golden glänzt der Morgen
Die Hoffnung wacht im Traum
Von Knospen sanft geborgen
Umgibt sie Zeit und Raum.

~~~

Zeit

Metall'nes Herz von Glas geborgen
Unermüdlich zieht die Zeit
Schreibt von gestern, heute, morgen
Spannet ihre Schwingen weit.

Glockenschlag zu jeder Stunde
Die ins Lande geht dahin

Unermüdlich Rund' um Runde
Ohne Ziel und ohne Sinn.

~~~

Warten

Die Schwerkraft zieht
Die Regentropfen
Von dem samt'nen Blatt der Linde
Die bebend noch
Dem Rufen trotzen –
Kurz darauf zerstäubt im Winde.

Die Tulpe harrt
Der Sonnenstrahlen
Die warten hinter Sturm und Regen
Und hinter Wolken
Muster malen
Den Frühlingsblumen auf den Wegen.

So steh' auch ich
In meinem Garten
Gesicht gewandt zum Himmelszelt
Ich habe lang
Gelernt zu warten
Und um mich her vergeht die Welt.

Illusion

Die Welt ist still
wie ein Schrei in der Nacht.
Sie umschließt mich sanft
Mit warmen Händen
Und erstickt mich mit ihrer Kälte
Vereist mein Blut.

Die Welt ist laut
Wie ein Tropfen, der fällt.
Sie hängt in der Schwebe
Grazil und leise
Und zerschellt auf dem Boden
Mit lautem Geschrei.

Die Welt ist ganz
Wie ein unfertiges Puzzle.
Sie weckt meine Neugier
Mit hoffnungsvollem Glanz
Und sprengt meine tiefsten Träume
Stiehlt mir ein Stück.

Die Welt ist zersplittert
Wie ein neuer Spiegel.
Sie sieht mich an
Mit tausend Augen
Und ich starre in die Weite
Vollkommen allein.

Wunschtraum

Ich bin ein Vogel mit gestutzten Flügeln
Ich kann nicht fliegen
Aber das Potenzial ist da.

Greif nach den Sternen sagst du zu mir
Zynisch und hämisch
Weil du weißt, so hoch komme ich nicht.

All die Jahre hörte ich auf dich
„Du bist nur erfolgreich gut!"
Aber meine Faust schließt sich um deinen Hals.

Ich will hoch hinaus und die Wolken küssen
Aber ohne zu fliegen
Weil ich das nicht kann
Und nicht muss
Nur die tausend Stimmen
Denken, es ist der einzige Weg
Aber Berge küssen die Wolken auch ohne Flügel.

Ich bin ein Vogel, im Menschen gefangen
Meine Seele schlägt
Gegen meine Rippen
Aber vielleicht muss ich nicht fliegen,
es reicht zu klettern,
immer höher und
Du. Hältst. Mich. Nicht. Fest!

Sommerregen

Wir fürchten und oft
Wenn an sonnigen Tagen
Der Himmel sich hüllt in Grau.
Ganz unverhofft
Und die Leute beklagen
Und trauern um das Blau.

Wir sehen nach oben
Auf die Dunkelheit
Und sind voll nostalgischer Wonne.
Strahlte da droben
Vor nicht langer Zeit
Doch unbesiegbar die Sonne.

Wir schimpfen auf Regen
Wenn zu sonniger Stunde
Ganz unverhofft er fällt.
Doch wenn die rauen Winde sich legen
Dann ist der Gesang in aller Munde:
Dort draußen, das glänzt die Welt!

~~~

Laute Stille

Immergrüner Samtvorhang
Die Zweige verneigen sich
Gebeugt von tausend Tropfen
Seit Anbeginn der Zeit.

Windzitterndes Rauschen
Regenwürmer flüstern
Geheimnisse, die mit der Zeit
Längst vergessen wurden.

Würzig-scharfes Moos
Duft nach Freiheit
Kaum mehr ein Nachhall
Im immer wehenden Wind.

Bittersüße Kälte
Metallisch, warm wie Blut
Auf meiner Haut, meiner Zunge
Scharf und schwer wie Schuld.

Eingefrorenes Feuer
Ein Loch in meinem Herzen
Gerissen von schneidender Einsamkeit
Allein, verloren im Wald.

Knospen

Frühling

Flammen durchschlagen
Frühlingshitze
Bienen surren, bleiben auf
Blumen sitzen
Sanfter Wind ergreift das Herz
Ergreift die Herzen bringt sie nah
Leises Lachen, gedämpftes Gespräch
Liegt in der Luft
Frühling versetzt mit
Liebesduft

~~~

Glück

Glück ist leise
Wie sanfte Wellen oder
Frühlingswind in grünen Blättern.

Glück ist laut
Wie gute Musik oder
Ein Jubelschrei aus der Menge.

Glück ist dunkel
Wie der Himmel nachts oder
Heiße Schokolade am Kamin.

Glück ist hell

Wie die strahlende Sonne oder
Der erste, unberührte Schnee.

Glück ist eintausend andre Dinge
Und alle haben ihren Platz und
Eigentlich ist Glück alles und
Alles ist Glück.

~~~

Atme

Atme!
Die Luft strömt nur für dich,
Atme!
Die Sonne spendet heute Licht.
Atme!
Der Regen gehört nur dir.
Atme!
Bleib und vertraue mir.
Atme!
Die Luft wird dich heute tragen.
Atme!
Ich weiß, du kannst es wagen.
Atme!
Die Zeit nimmt ihre Lauf.
Amte!
Atme, und gib nicht auf.

Überraschung (für Lilly)

Wenn man am
Wenigsten
Damit rechnet
Passieren oft die
Schönsten Dinge
Und manchmal ist es nur
Ein Spiel und
Halb durchgebackener Kuchen
Aber nichts könnte mich
Glücklicher machen
Als dieser Moment.

~~~

Ankunft

Lachen dringt an meine Ohren
Merke kaum, dass es das meine ist.
Ich fühle mich wie neugeboren
Gefunden, was ich so lang vermisst.

Wie die Arme einer Mutter
Warum und herzlich, sonnenklar
Schmilzt das Ein in mir wie Butter
Es ist kaum möglich, doch ist wahr.

Gerannt, das bin ich, ohne Pause
Keinen Schimmer wo ich war.
Endlich komme ich nach Hause
Halte inne – ich bin da.

Regentropfen

Regentropfen fallen leise
Stetig grau vom Himmelszelt
Singen eine sanfte Weise
Und benetzen diese Welt.

Regentropfen rollen freudig
Über kaltes Fensterglas
Laufen um die Wette goldig
Seh'n fast aus, als hätten sie Spaß.

Regentropfen weichen sachte
Kühl und feucht durch Haut und Haar
Umfingen mich, die ich da lachte
Der Moment war hell und klar.

Regentropfen trocknen morgen
Nur die Pfütze bleibt zurück
Weggewaschen werden Sorgen
Und es hallet nach das Glück.

~~~

Regenbogenbrücke (für Hannah, Kai, Mira und Frank)

Einer grauen Schlange gleich
Windet die Straße sich durch den Wald.
Erhebt sich sanft über Täler leicht
Nur ein paar Stützen geben ihr Halt.

Die Musik ist laut, die Sorgen still
Gelächter flammt auf und flaut wieder ab.
Man kann alles glauben wenn man nur will
Und die Zeit steht still an diesem Tag.

Sicherheit verspricht der Moment
Auch wenn er nur ein paar Stunden hält.
Bevor das Leben fort uns rennt
Sind wir kurz sicher in dieser Welt.

~~~

Klarheit

Am klarsten ist die Luft am Morgen
Wenn das Gras noch kühl ist, feucht vom Tau.
Die Sonne wacht noch vor den Sorgen
Und Rot weich leis' dem Himmelsblau.

Am zart'sten ist die Seele nachts
Wenn Dunkelheit herrschet, still und schwer.
Weil Denken den Verstand verpasst
Das Herz ist überlaufend leer.

Klarheit schafft die Dämmerung
Wenn graut der Morgen, blaut die Nacht.
Dann kehren sich hell und dunkel um
Bis selbst das Chaos in Ordnung wacht.

Zuhause

Warmer Sommerregen trifft so leise
Auf ein Feuer im Kamin.
Musik zieht friedlich ihre Kreise
Frieden macht sich auf die Reise.

Fenster voll gemalter Bilder
Bunt wie ein Kaleidoskop
Tanzen frecher, freier, wilder
Ohne Zeichen, ohne Schilder.

Kraft, die bisher gut verborgen
Tritt ganz unverhofft ans Licht.
Süßer schmecken selbst die Sorgen
In stummem Blick auf neuen Morgen.

~~~

Hoffnung

Manchmal steht in tiefster Nacht
Am Firmament ein Stern.
Er schein so unerreichbar fern
Und hält doch still und leise Wacht.

Manchmal fällt in Sturm un Regen
Ein Sonnenstrahl ins Grau.
Man sieht ihn selten ganz genau
Bis Farben sich in ihm bewegen.

Manchmal ist in Einsamkeit

Ein guter Geist bei mir.
Die Hoffnung bleibt für immer dir
Und dauert für dich alle Zeit.

~~~

Silberstreif

Wie glühende Kohle
Die in Wasser sinkt und verlischt
Nur der Nachhall der Wärme
Bleibt.

Wie melodische Stille
Die vergeht und verklingt
Nur ein Echo der Töne
Verweilt.

Wie vertrocknete Blumen
Die langsam verblühen
Nur die Erinnerung an Leben
Bleibt.

Wie ewiges Warten
Auf ein unerreichbares Ziel
Doch die Hoffnung im Herzen
Verweilt.

Sternentänzer

Manchmal bewegen sich Fotos
In meinem Kopf
Langsam
In Sekunden
Und Lieder schmecken süß und
Reichen nach Kaffee.
Einsamkeit ist eine Eisscholle
Oder ein
Helles Fenster in dunkler Nacht
Und
Manchmal sehe ich dich
In den Sternen wandern
Und dann fliegen wir.

~~~

Mein Herz schreit Freiheit (für Elisa)

Mein Herz schreit Freiheit
Über die Dächer der Stadt
Über den Stacheldraht den man
Über die Mauern gewickelt hat.

Meine Hände malen Freude
An die Wände, auf die Straßen
An die eisernen Fesseln, die sie
An meinem Handgelenk vergaßen-

Meine Füße tanzen Sonne
Durch das schwere Grau von Regen

Durch die ketten die sie einmal
Durch die nassen Straßen legten.

Meine Stimme singet Jubel
In die Stille, in die Nacht
In die Leere meiner Seele
In der ein Feuer sich entfacht.

~~~

Bei Betrachtung des Schlagzeugs (für unsere kleine, chaotisch-perfekte Band)

Bei Betrachtung des Schlagzeugs
Fällt auf
Dass jeder Mensch sich sehnt
Nach Rhythmus und Taktschlag
Nach Einklang mit den Base-Drums
Den Herzen der Welt.

Bei Betrachtung des Schlagzeugs
Fällt auf
Dass jeder Mensch sich wünscht
Gehört und gespürt zu werden
Einen Vermerk zu haben
Un der Partitur der Welt.

Bei Betrachtung des Schlagzeugs
Fällt auf
Dass jeder Mensch besteht
Aus verschiedensten Einzelteilen
Aber nur zusammen ergibt
Die Kombination auch Sinn.

Bei Betrachtung des Schlagzeugs
Fällt auf
Dass jeder Mensch kaum
Anders ist als ein Instrument
Auf der Suche nach der Gemeinschaft
Einer Band auf der Welt.

~~~

Kreise ziehen

Ich halte mich fest
An Wolkenfetzen
Die über den Himmel gleiten
Hoch über den unendlichen Weiten
Der Welt, die unverändert
Pirouetten dreht.

Ich klammere mich
An Wellenberge
Die unaufhörlich sich erheben
Neben dem unendlichen Leben
Der Welt, die pausenlos
Neue Kreise zieht.

Ich halte fest
An all den Dingen
Die heute da sind, morgen fort
Hangle mich von Ort zu Ort
Der Welt, die niemals
Stillstehen wird.

PART 2

Poetry is painting pictures with your words.

Stars

<u>Fade away</u>

I guess you found your love
And this tears me up tonight
'cause you found someone else, a love
While you are mine.
Don't you see how far I'd go
To catch you eye, to let you know
I love every step you take
I love the little, cute mistakes
But you have chosen another way
You make me feel like fading away
Losing the ground and everything
Fades away with you.

~~~

<u>Dandelion</u>

If I were a dandelion
I'd wait for the wind
To let me see the world.
To carry me to the farthest places and
Wherever it dropped me
I would stay to rest
And grow and blossom
Once again.
So when you let me
Fly away lay to rest
You weary head an know:

I'm you very dandelion
Starting anew
And blooming for you.

~~~

Tender thread (for my parents)

The thread bleeds warmth
As your arms hold me gently
Soft and slightly itchy
Heavy smell of coffee and love
Patterns knitted by wrinkled hands
Affection woven between strands of yarn
Safe for just a heartbeat
Wrapped up in your love.

~~~

Your laugh

You laugh at jokes
No one else finds funny
Make your living with humour
Take a smile as reward

You are quick with your tongue
And cope with sarcasm
And hide your pain behind bright smiles
Because laughter is better
Than tears

Last time you were home

I don't believe in destiny
I don't trust in fate
But this is how it's meant to be
So I have to take
The chance to do what's right
To see you, my dearest friend
And say my last goodbye
But as I wander hallways
And stare in empty rooms
I notice that I'm late
Although I could have sworn
Last time you were home.

~~~

Second choice

He is better than me
Smarter than me
He smiles brighter than me.
He is everything I want to be
Because although you admitted to loving me
You stayed with him.
Although you whisper sweet nothings
To me at night
I know I never will compare
No matter what I do
I'll stay choice number two.

Whirlwinds

<u>Cages</u>

I've been holding my breath
For weeks becoming months
Trying to figure out
How to stay alive
And be a part of this clockwork
Rapidly spinning
Out of control.

I've been kicking and screaming
With tears in my eyes
Throwing punches at shadows
Invisible enemies
Who push me down to the ground
Buried alive
In my own head.

~~~

<u>Candle in the wind</u>

But why is there music
If we are not allowed to dance?
Why should we practice
If we never get a chance
To prove what it's worth?
Why can't we blow

Like a light in the wind?
Why don't we learn to glow
And grow, so we are tall?
And why do we have voices
If our words are never heard?
Why do we dream if not
For reality to be disturbed?
So really – what are we living for?

~~~

Silence

maybe if I lowercase my words
they won't have so much force
because when I lower my voice
I can barely be heard.
maybe if I decapitalize my dreams
they won't seem quite that big
because when I lock them in
they cannot spread their wings.
maybe ich I talk down the sky
I can reach for the stars
because the last thing is can do
is pretend to be free.

~~~

Madness in the mirror

I see a crazy madman!
He calls out to me

From the other side of the darkness!
His hands choke me
 - behold! – I cannot breathe!
But he takes my thoughts
And brings them to a better place!
Oh how I wish to fly
Just this once!
Feel the ground leave
Beneath my feet and let my
Dreams blow away!
I see a crazy madman!
He waves from every mirror
And he wears my clothes today!
The stars go out
 - see! – the sky is dark!
But I'm awake
And my eyes remain open
Tonight!

~~~

Masks

Do you have fun
Playing these roles
Like masks you slip them on
And play pretend
As soon as someone meets your eyes.

Do you enjoy
Telling these lies
Like fairy tales you spit them out

And sing loudly
As soon as someone is willing to hear.

Do you understand
How that makes us feel
To see you pretending every day
Because how can I
Like you if I don't know who you are?

Petals

<u>Soulless</u>

I feel my soul
Leave my body
It's being poured
Onto this page
With blue blood
On a white headstone
Dead and yet
More alive than I've
Ever been
Ever will be
Ever am
Because my body
Needs my soul
But my soul does not
Need my body
To survive.

~~~

<u>Forget-me-not</u>

You are a flower next to
All the little pebbles on the road
You catch my sight only
When I'm not looking for you.

You are a speck of colour
Between all the shades of grey

Make the world a little
Brighter with every day you bloom.

I am afraid to pick you
And keep you close and dear
Because I fear that in captivity
You'd lose what makes you you.

~~~

Icarus

Icarus, don't keep your feet on the ground
You have to break these chains!
Icarus, go high and touch the clouds
Fight, you can be free!

Icarus, you shall not be afraid
Grasp the freedom, it's yours!
Icarus, just jump and fly away
Dare, trust, and believe!

Icarus, don't soar to high in the sky
Beware, don't push your luck!
Icarus, you will fall, you will die
The sun will burn –

Autumn leaves

What if growing up is not
What it's made to be?
What if I grow up just to
Stop and suddenly
See it war for nothing
Like a tree that grows
As the pages turn
Reborn with every spring
When the leaves still fall
In autumn?

~~~

Like a song drained of music

The world stills when you enter a room
And a thousand questions come to mind
Like is a song just a poem
When you take the music away?

Fireworks explode when you enter a room
And the sparkle of water breaks the light
Are you the giggle at the funeral
Or does you spark sleep, too?

Unsaid words
A barrier that links us
Because I know I wouldn't be me
If it weren't
For you.

Ghosts.

I don't believe in ghosts
But I believe in memories
Shadows of what used to be
Up all night to dance with me
Until the churches' clock strikes three
And they will be leaving me
With everything that used to be
Leaving only memories
But I don't believe in ghosts.

~~~

A dying man's breath (for the Dead Poets Society)

Maybe art is a song
And we forgot to sing along
Or maybe it's a drawing
And we lost the colours.
Maybe art is a ship
But the captain went overboard
Or maybe it's an actor
And the curtain never fell.
Maybe art is a language
And we never learned the words
Or maybe it's a journey
And we always miss the signs.
Maybe art ist a breath
Of a dying man

And it only lives on
Because we discover it again
And again.

~~~

Captain, oh captain! (for Robin Williams)

Captain, oh captain!
- what if we never meet the shore?
If we misread every map
And are lost on sea for evermore?

Captain, oh captain!
- what if our sails run out of storm?
If we're losing all our speed
And the wave won't carry us home?

Captain, oh captain!
- what if our ship does break tonight?
If we sink into the depths
And drown, apart from every light?

Captain, oh captain!
- what if all our hope is gone?
Will you carry us back
And steer us from the storm alone
Captain, oh, my captain?

Raindrops

<u>Dust in the wind</u>

How can I be so alone
Among so many people
How come they don't see me
When I am standing right there

I'm an outsider in the middle
A stranger to my friends
Like they don't speak my language
And don't really seem to care

And I'm falling like a raindrop
A star from outer space
A dying flame of passion
Drowning in the depth of myself

A figure made of glass
But I don't break when knocked over
I just become a little less
Until one cay I'm gone

~~~

<u>The broken, the lost</u>

I dream of flowers in your hands
And bright stars in your eyes
How they sparkle, how they dance
Right 'til the sun does rise.

I dream of sunrays on the sea
And gusts of rippling air
How I want to go and flee
With cold wind in my hair.

I dream of dancing in the rain
To hold life by the hand
How maybe it would ease the pain
If I just tried to mend…

~~~

Legacy

I bring my words to paper
To make them clear and seen
To shine light on my vision
To display what I mean.

I lock my words in ink
To make them heard and loud
So if they shut my voice down
They will still scream and shout.

I tie my words to pages
To keep them in my life
So when they are discovered
One understands my drive.

I hold my words in silence
I hold them in a net

And if I am forgotten
Still, no one will forget.

~~~

Shreds and pieces

My compass broke. My map is in shreds.
And my life in pieces, but
That's all right, because
My feet are sore anyways
And my throat is dry
And my eyes prick with tears
But I don't have the strength to cry.

My umbrella broke. My coat is in shreds.
And my body soaked, but
That's all right, because
I'm freezing anyways
And my hands are numb
And my feet slip on the ground
But I don't have the strength to fall.

My luck broke. My hope is in shreds.
And I am in pieces, but
That's all right, because
I'm moving anyways
And I keep pushing through
And I fall asleep every night
Hoping that I'll find my strength again.

<u>Try</u> (for Lea)

I try
And try
And a day passes by
Without making a change
And I cry
And cry
And the night passes by
And I lose the will to try
But my dreams fly
They fly
High up into the sly
Like clouds passing by
And I know
I'll be alright
And I'll try
I'll try
I'll begin to try
Again.

~~~

<u>Remember</u>

The bracelet like a
Cold chain
Seconds, minutes, hours
A lifetime locked
Behind round glass
Turning around and around
Every tick reminding me

To remember
When it's time
 To go
Home

~~~

Circle

The cold of winter fades away
The snow melts and uncovers
The fragile petals of new-born life
The ray of the sun, not yet quite burning
The days stretch longer
The air turns heavy until
The leaves drop off the trees
The world tinted in multiple colours and
The cold returns until it fades again in
Spring.

~~~

Pieces

Time stands still
People between borders
And the world in pieces
Breathless
Helpless
But the bombs keep falling
And people keep running
Not going anywhere

Caught in the crossfire
A macabre fight for power
Dropping boulders on the way to the top
No matter who gets crushed
And even the stars are watching
Bravely
Weakly
As the day becomes a night
That might not ever end.

~~~

Epilogue

When this chapter ends
The story is over.
The thank you is spoken.
The plot is resolved.
Looking back I turn the pages
With a fond smile on my lips
As I take my last encore
Before you close the book.

~~~

Drowning

I'm suffocating
In the mist of people
Pretending to be someone they're not
Colouring in white lies
Without thought

Or heart
Breaking
Falling apart
Silently
Loudly
Screaming under water
Lungs filling with ice
I'm sinking
Falling
Drowning
Out the voices in my head
Screaming
What are we even
Doing here?

~~~

Tired, shaking

I sometimes get tired
Of people pretending
Fashion shows of masks
And alter egos
- who are you really?

My hands shake sometimes
I silent rage
Breathing in the lies
Day by day
- what do you want?

I want to give up sometimes

As silhouettes rush by
Shadows of people
Who used to be friends
- how did we end up like this?

~~~

Tomorrow

The voices in my head
Are my best friends
My most trusted advisors
Wolf in a sheep's skin
Traitors disguised as teachers
Slowly clawing their way to my
Heart
And before I know it
I'm bleeding
And the pain sets in a second too late
Before I collapse
And find myself
Unable to breathe
But don't worry, darling –
The voices will console you
Tomorrow.

Art

I catch myself
Holding my breath again
As I carve blue scars
On yellow pages
Painted nails dig in my palms.
I feel my vision
Blur again
As I paint red slashed
On white canvas
Blotches of paint cover my skin.
I feel myself
Shake and tremble again
As I spin in small circles
In an empty room
And slowly my heart starts beating
Once more.

~~~

Flickering light

If given the choice
To go on or give up
I don't know what I'd pick
Because I'm tired
Of fighting
And failing
And hoping
And losing
But I also am scared

That I will abandon a
Piece
I was just about to realize
Was supposed to be
Myself.

~~~

Theatre

I'm not good at life
Just good at pretending
And all I do
Is play charades
Wait for my cue and
Hope
I'll do it right
But somehow I'm stuck
In the spotlight
Frozen on stage
Without the lines
And I know I'll fail
And in the end
The audience will applaud
Nonetheless.

Pretending

I lock myself in poetry
I bind myself in art
Tie myself up with ink
And hide on the paper
Because somehow
I only truly exist in words
And dreams
And I can scream all I want
I'm all but a shadow
The truth is only words
That no one will ever recognize
As mine.

~~~

Shadows I drew

I shiver in the cold
That claws onto my heart
Wrapping me in its deadly embrace
As I slowly begin
To see myself
And notice
I'm nothing but a shadow I drew
Etched into my skin
A stone in the water
Merely disturbing the surface briefly
Before I
Disappear

<u>Firefly</u>

I don't shine, I glow
In the suppressed fire
Of love fighting rage
And hope battling despair
As my heart and soul
Drown together in the
Ocean of my tears
A gentle glimmer
A firefly
And people who don't
Observe carefully
Will call me beautiful.

~~~

<u>Helpless</u>

I shout from the top of my
Lungs
Without saying a word
And the earth may shake
And oceans will rise
And heaven might touch the earth
- it still won't change a single thing.

<u>Soul of glass</u>

Oh, the bittersweet taste of dreams
Melting in the heat of my bleeding heart.
How I long for the melody
Of shattering wishes
And the never-ending, blinding light
Of hope.

Oh, the gentle way my heart breaks
Little by little every day and night.
How I yearn for the sting
You leaving soul
Has left in the soft glass
Inside me.

Butterflies

<u>Star</u>

I sometimes wish I were a star
So in the wake of night
When hope seems lost, and help seems far
I could spread a light.

I sometimes think I am a star
That sparkles small and still
To help in someone's battle of war
When no one other will.

At times I know I am a star
When every once a while
Behind the mask, behind a scar
People return my smile.

~~~

<u>Carpe diem</u>

Carpe diem – seize the day!
Even when the signs
Are on impossible
And the leaves fall from the tress
And even when
All hope is lost
And people tell you otherwise
Never forget that
What you carry

Is your legacy
And you have to
Shout it into the world
Even when hell rains down
Or freezes over
Because in the end
All that remains
Is you, so
Carpe diem – seize the day!

~~~

Noise

I'm going to be loud today
Because my voice has been asleep
For the longest time
And I won't be silent any longer
Because I deserve to be heard
And my heart is valid
And my desires are fair
And I won't be shut up
By those who don't trust
In me or themselves
Because I will be loud
Today

<u>Like nobody's watching</u> (for Hannah and the best night of my life)

The best nights are those
That blur in hindsight
So you can't remember where it started and stopped
Where the beat of the music
Is the beat of your heart
And your chest could burst
With affection and love.
The best nights are those
You leave with blisters on your feet
Gentle kisses of the dances
And the scent of perfume that isn't your own.
Nights where you shine brighter
Than the stars are those
That stay forever.

Danke fürs Lesen.
Thank you for reading.

Frank Chylek

Mitten unter Engeln

Thailand-Erzählungen

AF235438

in memoriam

HSCH

Frank Chylek

Mitten unter Engeln

Thailand-Erzählungen

Bibliografische Information der Deutschen Nationalbibliothek:
Die Deutsche Nationalbibliothek verzeichnet diese Publikation in der Deutschen Nationalbibliografie; detaillierte bibliografische Daten sind im Internet über http://dnb.dnb.de abrufbar.

Kontakt: KuhnFrankChylek@t-online.de

Herstellung und Verlag: BoD – Books on Demand, Norderstedt

ISBN: 978-3-7543-1380-0

Inhaltsverzeichnis

Die letzte Übung

Nachdem der Koel[1] zum wiederholten Mal seinen langgezogenen Ruf in den Morgen über die Straßen Bangkoks geschickt hatte und sich auch schon das erste Grau am Himmel abzeichnete, hörte die alte Frau endlich auch das Gurren der Ringeltaube unter ihrem Fenster, das ihr lange schon zum eigentlichen Boten des Morgens geworden war. Sie zog ganz vorsichtig und doch bestimmt die Bettdecke zur Seite, sodaß beide - sie und ihr Mann – die noch frische Luft des Morgens traf.

„Was soll das?",

fragte der alte Mann seine Frau.

„Wirst schon sehen",

gab sie ihm zur Antwort und begann langsam, ihr linkes Bein zu heben und schließlich langsam wieder zu senken. Sie hob es jedoch nur so hoch, wie es eben noch ging, und versuchte dennoch mit jedem Mal, das Bein noch ein wenig höher zu heben.

„Was soll das?",

fragte er erneut.

„Frag nicht, sondern mache es einfach auch."

Und genauso, wie der Mann zum Ende hin immer alles das gemacht hatte, was seine Frau von ihm verlangte, so begann auch er nun, sein linkes Bein zu heben und dann wieder zu senken. Und auch er versuchte, sein Bein jedes Mal ein wenig höher zu heben.

„Das geht doch gut, oder?",

fragte sie, und er grinste.

„Dann nehmen wir jetzt das andere. Auch wieder langsam und immer ein bisschen höher, hörst du?"

„Was soll das denn die ganze Zeit?",

fragte er noch einmal und versteckte dabei seine Ungeduld vor ihr, so gut es eben ging.

„Das wirst du schon sehen. Und wenn du es nicht sehen kannst, dann wirst du es bestimmt fühlen – früher oder später. Also mach jetzt einfach weiter."

Und der Mann machte. Er machte mit seinem rechten Bein. Und er machte immer ein Stückchen höher. Und er machte auch später noch weiter, nachdem sie in ihrem Bett bis ganz nach unten gerutscht waren, ohne, daß sie sich dazu mit Worten verabredet hätten. Dort hoben sie zuerst den linken Arm und später dann auch den rechten, zunächst nur gerade gestreckt nach oben, und im Anschluß dann versuchten sie es auch noch möglichst weit bis hinter ihre Köpfe.

Und von diesem Morgen an gab es tatsächlich kein morgendliches Gurren der Ringeltaube unter ihrem Fernster in der schmalen Soi[2] mehr, das nicht das Beiseiteziehen der Bettdecke und schließlich genau diese Übungen der beiden Alten in ihrem Bett nach sich gezogen hätte. Und wenn sie merkte, daß ihr Mann zu schwächeln begann, verlangsamte sie den Fortgang der Übungen und wartete auf ihn, wie sie ihr gesamtes Leben immer auf ihn gewartet hatte, sodaß er ihr stets hatte folgen können.

An einem Morgen aber, folgte er ihr nicht: sie hatte bereits zweimal ihr linkes Bein nach oben gehoben und gestreckt, doch er blieb einfach nur reglos neben ihr liegen.

„Was ist los mit dir heute?"

„Nichts, ich schaue nur."

„Was gibt es zu schauen? Was ist heute anders als sonst?"

Und nach einer Weile drehte er den Kopf zu ihr hinüber und schaute sie an:

„Deine Füße sind noch immer so schön wie früher, Frau!"

Und sie wußte gar nicht, wo sie hinschauen sollte, floh seinem Blick und stieß ihn nur mit dem Ellenbogen leicht in die Seite.

„Red' nicht rum, sondern mach endlich mit, Mann!"

„Ist schon recht, Chefin",

grinste er,

„aber schön sind sie trotzdem!"

Und als sie für diesen Morgen schließlich mit all ihren Übungen fertig waren und sich wie immer noch ein wenig auf dem Bett ausruhten und in den Morgen hineinhorchten mit all seinen unterschiedlichen Geräuschen, die auch nach und nach erwachten, nahm der alte Mann noch einen weiteren Anlauf:

„Weißt du, hier möchte ich einmal sterben, so schön ist es bei uns."

„Was ist denn los mit dir heute? Wer wird hier schon gleich morgens ans Sterben denken? Und dann auch noch, wenn's jetzt so schön ist?"

„Ich mein ja nur",

und er merkte, wie ihm die weiteren Worte fehlten.

„Und außerdem, mein lieber Mann, werden wir ja hier wohl kaum alle beide auf einmal sterben, oder?"

„Genau das ist ja das Problem, Frau. Schön ist es hier doch nur mit dir. Ich kann mir gar nicht vorstellen, wie es hier bei uns ohne dich sein soll."

Sie schwieg einen Moment sein Schweigen und fand endlich eine Antwort:

„Da kann ich dich aber beruhigen: Männer sterben immer früher als Frauen. Dann wirst du wohl kaum alleine hier zurückbleiben."

Und sie rollte sich auf die Seite, schaute in sein großes rundes Gesicht, gab ihm einen kurzen Kuß auf die Wange und starb noch an diesem Tag.

Er weinte nicht lange, eine Nacht nur, und der Koel brauchte ihn am Morgen nicht zu wecken, auch nicht das Grau des ersten Lichts. Und er hob zu Beginn dieses neuen Tages auch nicht sein Bein - das eine nicht und auch nicht das andere: er wartete nur in dem so großen Bett. Und beim langen Warten hörte der alte Mann schließlich auch das Gurren der Ringeltaube des Morgens dort unter dem Fenster - ja, es hatte tatsächlich ein neuer Tag begonnen: ein neuer Tag und so ganz ohne sie.

Und gerade in dem Augenblick, als der Mann spürte, daß seine Tränen nach der Nacht nun auch diesen neuen Tag füllen sollten, da hörte er – tatsächlich: dort gurrte noch eine zweite Taube, viel näher noch bei ihm, als die Taube des Morgens. Da ließ der alte Mann an diesem Morgen seine Beine aus, nahm nur beide Arme gleichzeitig und zog sie mit einem Ruck so weit hinter sich über seinen Kopf hinaus, sodaß es

einmal nur und auch nur ganz kurz in seiner
Brust stach:

„Frau, warte noch schnell auf mich!"

Mitten unter Engeln

I.

Was verbinden ein thailändisches Mädchen, eine alte tote Frau, drei Gänseblümchen und ein kleines Schwein miteinander? Es wundert mich nicht, wenn dir als erstes Geisterglaube einfällt, denn das paßt zu dir: die Welt verkürzen und dabei in das erste Loch hineinfallen, das sich auf deinem Weg vor dir auftut. Ich könnte eine Wette eingehen, daß du Voodoo gesagt hättest, wenn nicht von einem thailändischen, sondern von einem afrikanischen Mädchen die Rede gewesen wäre.

Ich sollte dich allein lassen mit deinen schnellen Urteilen – oder vielleicht sollte ich treffender sagen, von dir *weggehen* - denn wirklich allein bleiben, wirst du ja kaum, weil es so viele Menschen wie dich gibt, Menschen, die es sich alle nur zu komfortabel in ihrer selbstgebastelten Welt eingerichtet haben: immer schön das sagen und tun, was sie davor bewahrt, allein zu bleiben.

Und weißt du, wenn ich es jetzt mal so richtig böse mit dir meinen würde, dann könnte ich da oben noch eins draufsetzen und meine Reihe auch noch um einen Religionslehrer erweitern. Soll ich? Was meinst du?

Ja, mein Lieber, sei dir sicher, ich bin jetzt mal so richtig gemein zu dir! Also: was verbinden ein thailändisches Mädchen, eine alte tote Frau, drei Gänseblümchen, ein kleines Schwein und einen Religionslehrer miteinander? Nun? Na dann will ich dich nicht zu sehr auf die Folter spannen, weil ich doch weiß, daß du bist, wie du bist und dir deshalb lieber gleich jetzt zu Beginn der Geschichte schon die ganze Antwort auf meine Frage liefern: sie haben nicht mehr, aber auch nicht weniger miteinander gemeinsam, als schlicht und ergreifend die Liebe.

So, jetzt kannst du gehen, wenn du willst, denn du wirst von mir im Laufe der Geschichte nicht mehr erfahren, als das, was ich dir bereits jetzt schon gesagt habe. Und wenn du aber dennoch bleiben willst, dann sei mir ein Gast, und versprich mir, daß du für die Zeit unseres Beisammenseins die Regeln der Gastfreundschaft berücksichtigen wirst, ja?

Also gut - ich sehe, daß du bleibst: so sei mir nun auf das Herzlichste willkommen!

II.

„Du bist ein Dieb!",
hatte das thailändische Mädchen gerufen und das
gleich mehrfach:
„Du bist ein Dieb!"
Und sie hatte dabei das Fenster im ersten Stock
weit geöffnet, ohne sich auch nur einen einzigen
Moment an das Verbot ihrer Mutter zu erinnern,
niemals, aber auch wirklich unter gar keinen
Umständen, jemals das Fenster oder gar die Tür
zu öffnen, wenn sie nicht zu Hause wäre. Zu
erbost war dieses Mädchen mit den vorstehenden
Augen gewesen, um noch für irgendetwas anderes
Sinn und Verstand zu haben, als ausschließlich
ihrer Wut freien Lauf zu lassen. Zu ungeheuerlich
war das, was geschehen war, als daß sie sich
hätte in der Gewalt haben können. Und nun, da
er tatsächlich zurück gekommen war, erst recht
nicht mehr!
„Du hast sie alle totgemacht! Alle, alle! Du bist ein
Mörder und ein Dieb!"
Wie sollte man bei einem solchen Verbrechen,
unter solchen Umständen auch nur annähernd
seinen Verstand gebrauchen können? Hier gab es
nur Wut und dann noch einmal Wut und weil das
immer noch nicht reichte, gab es abermals
ausschließlich Wut!

Das Schreien hatte ihn, den Religionslehrer, aus seinen Gedanken gerissen, ohne, daß er das Schreien auch nur im Entferntesten auf sich selbst bezogen hätte. Erst in der ständigen Wiederholung merkte er, daß er selbst das Ziel dieser Schreierin war.

„Du bist ein Dieb! Ich sage es immer wieder! Du bist ein Dieb!"

Nein, er konnte nicht wirklich gemeint sein, weder hatte er dieses Kind schon einmal gesehen, noch hatte er hier auf dem Bürgersteig irgendetwas anderes getan, als nur seinen Gedanken nachzuhängen. Es waren gute Gedanken gewesen, wenn auch traurige. Und es waren seine Gedanken gewesen, die er dachte, und es waren Gedanken gewesen, die sich noch einmal - und nur ganz ausschließlich - um sie gedreht hatten: um sie, von der er heute hatte endgültig Abschied nehmen müssen.

Es waren Gedanken gewesen, wie dieser etwa:

Wie viele meiner an deinem Grab geweinten Tränen, weinte ich auch um mich selbst?

Und in seinem Nachdenken über eine mögliche Antwort hängte er an diese Frage, quasi mit einem Komma, noch das Wort *Schwester* an. Ja, und kaum, daß dieses Wort seinen Platz in ihm gefunden hatte, war er sich so vollkommen sicher, daß es das einzig richtige Wort war, das sich in diesem Zusammenhang denken ließ: *Schwester*.

Mit der gleichen Klarheit war er sich sicher, daß dieses Wort ebenfalls der alten Frau gefallen hätte. Vielleicht wäre es tatsächlich eine Option für ihr gemeinsames Zuvor gewesen. Es wäre die Option von Geschwistern gewesen: Nähe ohne Angst, Nähe, ohne daß sie hätten Angst haben müssen, daß es zu nah werden würde, Nähe, ohne Angst haben zu müssen, daß die Nähe wieder verloren gehen könnte, weil das Band, das sie einander nah sein ließ, ein naturgegebenes war, eines, auf das man sich deshalb so ganz und gar und ohne jeden Zweifel wirklich verlassen durfte: *Schwester*.

Es waren gute Gedanken gewesen, richtige Gedanken, und sie verliehen ihm in allem Abschied das Gefühl, angekommen zu sein. Und traurige Gedanken dahingehend, weil er diese nun nicht mehr mit ihr würde teilen können, und sie beide nicht mehr die Gelegenheit hätten, diese Option nun auch tatsächlich leben zu können. Das aber war nur ein kurzer Augenblick des Verlustes, da er sich sicher war, daß sie es, wenn vielleicht auch nicht genau so, doch aber auf ihre Weise ebenfalls genau so verstanden und genau so gesehen hätte. Es war nicht nur ein gutes Gefühl, bei einander angekommen zu sein. Vielmehr war es darüber hinaus auch ein gutes Gefühl, daß dieses Ankommen über ihren Tod hinausreichte.

Nein, es waren genau diese Gedanken, die es unmöglich machten, daß er gemeint sein konnte, wenn hier mit einem Mal von einem Dieb und sogar von einem Mörder die Rede war. Und doch war das Rufen andererseits auch so unmißverständlich an ihn gerichtet, daß er stehen blieb, sich nochmals umdrehte und dort oben im ersten Stock am offenen Fenster dieses thailändische Mädchen mit den vorstehenden Augen schreien hörte:

„Du bist ein Dieb! Ich sage es immer wieder: du bist ein Dieb!"

Und indem sie schrie und schrie, wuchs ihre Halsschlagader derart an, sodaß sich jeder Herzschlag deutlich abzeichnete und die Ader fast zum Platzen brachte.

„Und ich sag auch nicht ‚Sie' zu dir. Das sag ich nicht! Zu einem Dieb und Mörder sagt man nicht ‚Sie'!"

Das Mal auf ihrer linken Wange war ihm gleich aufgefallen. Vielleicht eine Pigmentstörung, nicht wirklich dramatisch, in seiner Größe aber schließlich doch so dominant, daß es den Eindruck machte, das Mal würde sich über die gesamte Wange des Mädchens hinziehen und somit nochmals an Größe gewinnen. Das aber war nur ihrem Schreien geschuldet, weil sich das Mal durch ihre Anstrengung nur noch mehr verdunkelte und auf diese Weise scheinbar noch über die Wange hinauswuchs, die es ansonsten nur zu knapp einem Drittel bedeckte.

Ihr langes dunkles Haar war ungekämmt und verlieh ihrer Stimme dadurch nur noch mehr an Gewalt und ihrer Aussage ein deutliches Mehr an Nachdruck.

Es war ihm unmöglich, das Alter dieses Mädchens zu schätzen, um sich damit für eine erfolgversprechende Form entscheiden zu können, wie er das Kind dort oben über sich richtig ansprechen könnte, damit dieses offensichtliche Mißverständnis schließlich aufgeklärt und der Frieden wieder hergestellt werden könnte.

„Du meinst doch wohl nicht mich mit deinem Geschrei da oben, oder?"

Und er schaute weiterhin mit festem Blick in den ersten Stock hinauf zu dem Mädchen, ohne diesem dabei auch nur den Hauch einer Chance zu lassen, auf seine Frage antworten zu können:

„Das kann ja wohl nicht sein!"

„Und es kann doch sein, kann sein: du bist und bleibst ein Dieb! Ein Mörder, denn du hast sie alle totgemacht!"

Nichts, auch nicht das Mindeste hatte sie von all ihrer Wut verloren, obgleich sie ihm nun schon zum wiederholten Mal ihre Wut entgegengeschleudert hatte. Und nun, da sie wußte, daß er sie auch verstand, wurde ihre Wut nur noch größer, denn sie wußte jetzt, daß sie ihn mit jedem einzelnen Wort auch tatsächlich traf. Wenn er sich auch nicht angesprochen fühlte, so wußte sie doch - und zwar ohne jeden Zweifel! - wen sie da unten vor sich hatte. Wenn sie sein Gesicht auch jetzt erst zum ersten Mal sehen konnte, ließ der Mantel, den er trug, doch absolut keinen Zweifel daran, daß es sich bei diesem Menschen um ein und dieselbe Person handelte, die vor rund einer Stunde erst unter ihrem Fenster die Flucht angetreten hatte. Und um wie vieles stärker wurde ihre Wut jetzt, da es genau dieser Mensch nun wagte, aus der Richtung, in die er zuvor erst geflohen war, schon wieder unter ihrem Fenster zu erscheinen. Wenn es vielleicht so etwas wie einen Zweifel hätte geben können, ob er es tatsächlich war oder nicht, so bedeutete allein schon diese Tatsache, hier nochmals - und zwar in aller Ruhe – aufzutauchen, den unschlagbaren Beweis dafür, daß er es auch tatsächlich war: nur ein echter Dieb und ein echter Mörder, und das auch noch in ein und derselben Person zugleich, konnte so derartig schlecht sein, sich nochmals hierher zu trauen.

„Du bist ein Dieb, ein Dieb und ein Mörder!"

III.

Der Mann versuchte, das Knirschen zu hören, das die großen Gummireifen verursachten, als sie über den Kiesweg des Friedhof rollten und dabei jede Unebenheit nachzeichneten und Sarg und Bouquet schüttelten – das Bouquet fiel nicht herunter. Und auch das Knirschen der Reifen hörte er nicht, so sehr er sich auch konzentrierte.

Es waren mehr Trauergäste zur Beerdigung der alten Frau gekommen, als er vermutet hatte. Und es war kein Gesicht darunter, das er gekannt hätte, sodaß er sich ganz hinten in den Trauerzug einreihte, von wo aus er ihren Sarg nur selten einmal in seiner Gänze sehen konnte. Er vermißte das Knirschen der Gummireifen auf dem Kiesweg: an dieses Geräusch hatte er denken müssen am späten Vormittag auf den Weg zum Friedhof, und er hatte darauf achten wollen, wenn es später so weit sein sollte.

Eine Frau packte ihn unversehens am Ärmel und sagte, daß es hier jetzt immer mehr würden:

„Ganze sieben Gräber sind es jetzt schon - und das in nur einmal gut drei Jahren!"

Er antwortete ihr nicht, sodaß sie von ihm abließ und auf die andere Seite des Trauerzuges ging und dort eine weitere Person am Ärmel packte,

„... sieben – und das in nur einmal gut drei Jahren!"

Ein weiteres Mal verstellte ihm der Trauerzug den Blick auf ihren Sarg, und er suchte mit seinem Blick nach den Blumen, die die Leute ihr mitgebracht hatten: Nelken und Rosen und Rosen und Nelken. Seinem letzten Gruß reichte der

20

wenige Platz zwischen Daumen und Zeigefinger seiner rechten Hand.

Da hörte er die Stimme der alten Frau, ganz deutlich, aber doch nicht die Worte, die sie zu ihm sprach. Spürte nur, wie ihn ihre Stimme vom Kiesweg hinter ihrem Sarg wegzog, hin nach Hause in seine Straße, in der auch sie im selben Haus wie er über viele Jahre gewohnt hatte - sie unten im Parterre, unweit des Eingangs, und er drei Stockwerke darüber.

Irgendwann fand er an jedem Montagmittag, wenn er aus der Schule heimkam, eine einzelne rote Rose vor seiner Haustüre auf der Fußmatte liegen, deren Blüte stets zur rechten oberen Ecke seines Fußabstreifers ausgerichtet war. Zunächst fand er keine Erklärung dafür, wer ihn mit diesem Geschenk eine Freude bereiten wollte und tippte zunächst auf eine verliebte Schülerin. Bald aber verwarf er diesen Gedanken wieder, da diese Schülerin am Montagvormittag doch genau wie er selbst in der Schule hätte sein müssen und ihm schon deshalb die Rose nicht vor die Tür legen konnte.

Er hätte sich einfach nur über die Rose freuen brauchen, denn für die Freude war alles bereitet. Er aber suchte nach einem Grund, suchte nach einer Erklärung für dieses Geschenk – mehr noch, er suchte danach, welche Erwartung mit dieser Rose verbunden war. Diese aber schwieg beharrlich Montag für Montag.

Erst viele Montage und damit viele Rosen später kam ihm eine einfache Erkältung zur Hilfe, um hinter das Geheimnis der Rose zu kommen: auf seinem verfrühten Weg aus der Schule zurück nach Hause sah er sie, die alte Frau, wie sie mit einer Rose aus dem kleinen Blumenladen, nur zwei Straßen von ihrem gemeinsamen Haus entfernt, auf den Bürgersteig trat. Dort prüfte sie die Knospe mit kritischem Blick und einem leichten Druck zwischen Daumen und Zeigefinger, um dann die gesamte Rose geschickt und routiniert im Ärmel ihres Mantels verschwinden zu lassen. Sicheren Schrittes trat sie ohne Umwege den Heimweg an, und schaute vor dem Betreten des Hauses noch mit einem kurzen prüfenden Blick zu seinem Fenster hinauf. Dann verschwand sie schnell im Hauseingang, als ob es gelte, auf gar keinen Fall von einem der anderen Mitbewohner des Hauses beim Betreten gesehen zu werden. Und auch an diesem Montag zählte sie sämtliche Stufen bis hinauf zu seiner Wohnungstür, um zu prüfen, ob die Anzahl der Stufen auch an diesem Montag auf eine gerade Zahl fallen würde; eine gerade Zahl, das bedeutete, daß sie alles richtig gemacht hatte.

Der Religionslehrer überlegte einen Moment, ob er ihr folgen sollte und entschloß sich dann aber doch, noch ein weiteres Mal und betont langsam um den eigenen Häuserblock zu gehen, um dann erst das Haus zu betreten. Er tat es nicht ohne die Gewißheit, daß er vor seiner Wohnungstür auch an diesem Montagmittag eine Rose finden würde. Die Auflösung dieses Geheimnisses hatte ihm damals zwar im ersten Moment geschmeichelt, doch spürte er bald schon, daß die eine Unsicherheit in ihm jetzt nur durch eine andere abgelöst wurde. Und jetzt erst, hier auf dem Friedhof hinter ihrem Sarg spürte er, wie schön es war, daß sich seine Unsicherheit nun in ein leises Lächeln verwandelte.

IV.

Es fehlte an Ruhe: hier auf dem Friedhof hinter ihrem Sarg nicht weniger, als zwischen Nichtwissen und Wissen bezüglich einer Rose. Und am deutlichsten hatte die Ruhe aber gefehlt, als sich diese grell und stumm in ihr Gegenteil verwandelte, mehr noch: als die Unruhe aus Verlust heraus entstand und sich dann noch einmal mehr in jener einen Nacht steigerte, als die alte Frau als Mädchen Gewißheit darüber erlangte, daß auch Zuwendung Verlust bedeuten konnte.

Und wuchs diese Unruhe einmal mehr ins Unermeßliche und wurde dabei wieder größer und größer als die Frau selbst, dann floh sie in ihr Bett. Nicht selten geschah diese Flucht derart Hals über Kopf, sodaß sie sich am folgenden

Morgen beim Aufstehen nach fast durchwachter Nacht noch immer in den Kleidern des Vortages wiederfand.

Die vier Schwestern hatten sich bereits ihrem Alter entsprechend der Reihe nach neben dem Wohnzimmertisch aufgestellt, um das abendliche Ritual des Gute-Nacht-Sagens einzuläuten, als der Vater noch einmal das Buch in die Hand nahm, aus dem er an diesem Abend vorgelesen hatte:

„Alle sind sie in den Himmel gekommen, meine Mädchen, alle."

Er wiegte das Buch in seinem Arm, als hielte er ein kleines Kind in diesem:

„Alle, selbst die kleine Lügnerin!"

Dann legte er das Buch auf den Tisch zurück und schaute eine seiner Töchter nach der anderen an:

„Was jetzt aber nicht heißen soll, daß wir nur noch lügen wollen, oder?"

Und ganz so, wie es vom Vater erwartet wurde, schüttelten alle vier ihren Kopf.

„Denn so ganz sicher ist man sich schließlich ja immer erst hinterher. Obwohl",

und er machte eine kleine Pause,

„obwohl, ganz wenige Dinge gibt es eben doch in diesem Leben, auf die dürfen wir uns so ganz und gar verlassen!"

Das war der Vater, den die Töchter kannten. Und diesen Vater liebten sie, denn seine Strenge wich in solchen Augenblicken aus seinem Gesicht.

Aber sie wären ihm jetzt auch bei aller Liebe so gar nicht böse gewesen, wenn er endlich das Zeichen zum Gute-Nacht-Sagen gegeben hätte, denn schließlich mußten sie doch alle auch noch ins Badezimmer, und es war noch längst nicht unter ihnen ausgemacht, welche heute Abend zuerst am Waschbecken stehen und sich für die Nacht zurechtmachen durfte.

„Ich sehe schon, meine Mädchen werden unruhig und können das Küssen des alten Vaters zur guten Nacht gar nicht mehr erwarten."

Und so streckte eine Tochter nach der anderen ihrem Vater den Kopf entgegen und spürten noch vor dessen weichen Lippen auf der eigenen Stirn den vertrauten Atem des Vaters und dessen rechte Hand, wie sie den Mädchen über das Haar strich und sie danach – eine nach der anderen - wieder freigab.

„Und nun Bahn frei, meine Mädchen, ins ach so geliebte Badezimmer!"

Auch dieser Satz fehlte an keinem Abend und beschloß das Ritual des Gute-Nacht-Sagens, sodaß die Mädchen in dem Augenblick, da sie das gemeinsame Wohnzimmer verließen, bereits wissen konnten, daß es sich spätestens am kommenden Abend genau so wieder vollziehen würde. Nur die Mutter würden sie an diesem Abend noch einmal sehen, denn nur sie kam in das Zimmer der Mädchen und beugte sich vor dem Löschen des Lichts noch einmal über jede ihrer Töchter, wobei auch sie jede einzelne auf die Stirn küßte.

Dann mit dem vorsichtigen Verschließen der Tür durch die Mutter waren die Mädchen für die Nacht allein und spürten die Sicherheit ihrer Gemeinschaft, war doch auf diese Weise sicher gestellt, daß es keinem bösen Geist der Nacht je möglich wäre, ihren Frieden in der Dunkelheit zu stören. Und kam doch vor dem Einschlafen noch einmal ein schwerer Gedanke des Tages zu einem der Mädchen zurück, so wurde dieser umgehend von den anderen vertrieben, indem sie die schönste Melodie zu summen begannen, die alles Böse dieser Welt zu fürchten hatte und sogleich unversehens den Rückzug wieder antrat.

Wie weit aber waren die Schwestern in jener Nacht fort, wie fest mochten sie schlafen, als sich der Zeigefinger gebieterisch auf ihren Mund legte, um das Schweigen des Mädchens zu erzwingen, das selbst dann noch anhielt, als er diesen von ihren Lippen nahm und samt Hand und Arm unter ihre Decke schob und sich dort frei und wie selbstverständlich bewegte.

Wie weit aber waren die Schwestern in jener Nacht fort, wie fest mochten sie schlafen, als sich der so vertraute Atem verfremdete und nur noch stoßweise wieder und wieder ihr Gesicht erreichte und es ihrem eigenen Atem unmöglich machte, ihren steifen Körper zu verlassen, sodaß sie dicker und dicker wurde und drohte, hier in ihrem eigenen Bett zu zerplatzen.

Wie weit aber waren die Schwestern in jener Nacht fort, wie fest mochten sie schlafen, als die Hand ihr ein um das andere Mal über das Haupt strich, dabei den kleinen Kopf fest umklammert hielt und den fremden Schweiß in jedes einzelne ihrer Haare massierte, sodaß diese mehr und mehr verklebten und in ganzen Büscheln mit jedem Streichen über den Kopf herausgerissen wurden.

Wie weit aber waren die Schwestern in jener Nacht fort, wie fest mochten sie schlafen, als die weichen Lippen sich in feuchte verwandelten und wieder und wieder ihre Stirn mit ihrem Mund vertauschten, sodaß ein Rufen nach den Schwestern, ein Reden über die Nacht oder auch nur ein Jammern selbst über Jahre schon im Ansatz verstummte und alles mit in dieses Schweigen nahm, was ihr einmal so selbstverständlich war.

Wie weit aber waren die Schwestern in jener Nacht fort, wie fest mochten sie schlafen, mochten sie schlafen, schlafen.

V.

Und wirklich: es gab keinen Ort der Ruhe mehr, weil sie doch schreien mußte. Es gab keinen Ort, an dem sich hätte trauern lassen können, wenn einem mit einem Schlag alle seine Liebsten geraubt wurden: die Oma, die Mutter und auch das kleine Schwein.

Sie liebte ihre Oma, und sie vermißte sie so sehr, obgleich sie diese so lange nicht mehr gesehen hatte. Wie viele Jahre, das wußte sie nicht, sie wußte nur, daß es so viele Jahre waren, wie sie jetzt bereits mit ihrer Mutter hier in Deutschland lebte. Und die Sehnsucht war noch immer so groß, wie die Tränen, die sie um einander geweint hatten, als das kleine Mädchen mit ihrer Mutter das Dorf zu Hause verlassen hatte. Wie viel mehr, wie viel vertrauter war ihr diese Oma, die ihr von Anfang an so viel mehr Mutter als denn Oma gewesen war. Es war ihre Großmutter gewesen, die sie morgens weckte, wenn sie denn nicht schon längst von den Geräuschen des Dorfes draußen wach war, aber noch immer unter der warmen Decke liegen blieb und auf die Oma wartete, die kommen würde, um mit ihrer breiten Nase leicht das Mal an ihrer Wange anzustoßen und ihr dann zärtlich ins Ohr zu pusten. Sie liebte dieses immer gleiche Spiel des Morgens nicht weniger als das des Abends, wenn sie schon unter der Decke lag und sich die Oma zu ihr niederkniete, ihr großes Gesicht eine Weile über ihrem kleinen hielt, ihr in die Augen schaute, sie anlächelte, ihr eine gute Nacht ohne Bauchschmerzen wünschte, und dann endlich ihr große Gesicht zu ihr hinunter neigte und ihr zärtlich auf jedes ihrer Augen einen Kuß gab. Sie war es, die Oma, die ihr zu essen gab: und das nicht nur morgens und abends, sondern tatsächlich immer, wenn sie darum bat. Und selbst darüber hinaus geschah es, daß die Oma immer wieder zu der Kleinen ging und sie fragte, ob sie denn nicht Hunger hätte, ob sie denn nicht ein Stückchen Guave[3] wolle oder auch Reis oder Fisch oder ihr auch manchmal ein Stückchen Zuckerrohr reichte. Sie war gut, die Oma, und deshalb war es auch richtig, gut zu ihr zu sein und sie für alle Zeiten zu lieben.

Auch zur Mutter gut zu sein, war richtig, war sie es doch, von der sie kam. Und wenn die Mutter auch nicht mit ihr zusammen in dem Dorf wohnte, so durfte sie sich doch darauf verlassen, daß sie immer wieder aus der großen Stadt zu ihr in das kleine Dorf kam. Dann strahlte sie, wenn sie ihr neue Sachen zum Anziehen mitbrachte und die beiden viel Zeit damit verbrachten, alle diese neuen Sachen auszuprobieren: und stolz lief die Kleine die staubige Straße durchs Dorf und ließ sich von allen Frauen bewundern.

„Schau, grün, dieses Kleid ist grün!"

Und sie streckte ihren kleinen Bauch weit nach vorn und die Arme weit hinter den Rücken, sodaß dieses Grün in das ganze Dorf hineinleuchten mochte,

„grün, meine Lieblingsfarbe",

und sie strahlte über das ganze Gesicht,
„meine Mami hat mir ein grünes Kleid mitgebracht!"
Oder es war rot, nicht weniger ihre Lieblingsfarbe, genauso wie gelb und blau.

Und niemand wäre auf die Idee gekommen, zu sagen, was sie doch für ein häßliches Kind sei: zu schön waren ihre neuen Sachen, die sie trug, zu weich ihre Stimme, die jedes einzelne ihrer Worte trug, zu ehrlich ihre Fröhlichkeit, die sie an alle hier im Dorf mit ihrem lauten Lachen schenkte.

Ja, sie war gut ihre Mutter, und weil sie so gut war, war es auch richtig, gut zu ihr zu sein und sie für alle Zeiten zu lieben.

Und es war gut und auch richtig, ebenfalls zu dem kleinen Schwein gut zu sein. Es lebte unter dem Haus, und es bereitete ihr Freude, auf dem Bauch über den Fußboden zu rutschen und das kleine Schwein durch die Ritzen des Bodens zu beobachten: es hatte eine so lustige Nase, und sie hatte lange geglaubt, daß die Nasenlöcher dem kleinen Tier an die falsche Stelle gewachsen waren, zeigten diese doch immer geradeaus und nicht nach unten, wie bei ihrer eigenen Nase. Aber auch, daß sich das Schwein in der Mittagshitze unter dem Haus immer wieder in die Erde buddelte, war lustig. Wenn sie einmal als Schwein wiedergeboren werden würde, dann würde sie es genau so auch machen. Und sie war sich ganz sicher, daß dann auch ein kleines

Mädchen nach ihr schauen würde, weil es manchmal doch so viel besser war, mit einem kleinen Schwein zu reden als mit den Menschen; das Schwein hörte ihr immer zu. Das Schwein war ihr Freund, und weil es so geduldig war, war es auch richtig, gut zu dem Schwein zu sein und es für alle Zeiten zu lieben.

Stunden verbrachte das kleine Mädchen am Fenster im ersten Stock, wenn sie nach der Schule nach Hause in die leere Wohnung kam und dort schnell und lustlos die Dinge aufaß, die ihr die Mutter auf den Küchentisch zurechtgestellt hatte, bevor diese selbst zur Arbeit gegangen war. Manchmal legte sie ihrer Tochter auch noch ein Stückchen Schokolade neben den Teller oder auch einen kleinen Kuchen, den sie dann nicht mehr am Küchentisch, sondern erst am Fenster aß und sich darüber freute, daß es nicht nur eine Oma gab und ein kleines Schwein, die so weit weg waren, sondern daß es auch ihre Mutter gab, von der sie wußte, daß sie sie lieb hatte.

Und weil das Alleinsein manchmal so schwer war, weil es so schwer zu ertragen war, sich die Lieben nur immer vorstellen zu müssen, entdeckte sie an einem Frühlingsmittag unten auf dem kleinen Stück Rasen zwischen Haus und Bürgersteig drei kleine Gänseblümchen, die dort aus dem Gras herauswuchsen. Sie freute sich, als sie diese Entdeckung gemacht hatte und konnte es die ersten Tage gar nicht erwarten, daß die Schule endlich zu Ende war und sie nach Hause und ans Fenster kommen konnte, um mit ihrer Familie zusammen zu sein und sich dort gegenseitig vom Tag zu erzählen. Erzählen, das war so wichtig im Leben.

Im Dorf hatte es niemals Momente geben, an denen man nicht miteinander redete. Und vor allen Dingen: hier redete jeder mit jedem, und es war vollkommen unvorstellbar, daß es jemanden gegeben hätte, der keinen zum Erzählen gehabt hätte. Selbst dann, wenn man Streit miteinander hatte, und man sich eine Weile nicht anschaute, dauerte es nicht wirklich lange, bis einer versuchte, dem anderen wieder ein Wort zu entlocken: und gelang ihm das, dann war der Streit vorüber, man schenkte sich vielleicht schon wieder ein Lächeln und alles war wieder wie vorher.

Hier in Deutschland aber war alles ganz anders. Hier konnten die Menschen schweigen - und sie konnten ganz, ganz lange schweigen. So wie Karl-Heinz: zuerst war er freundlich gewesen, dann brüllte er, und dann schwieg er nur noch. Da hatte ihre Mutter sie mit ernstem Blick angeschaut, ihr befohlen, beim Packen der beiden Koffer zu helfen, keine Fragen zu stellen und sich zu beeilen. Dann waren sie schließlich schnell das Treppenhaus herunter gelaufen, die Mutter warf den eigenen Wohnungsschlüssel in ihren eigenen

Briefkasten und zog sie hinter sich auf dem Bürgersteig. Sie hatte damals nichts verstanden, war nur verängstigt gewesen, weil nun auch ihre Mutter schwieg und wagte es selbst auch nicht, zu sprechen, geschweige denn, etwas zu fragen - und Fragen hätte sie so viele gehabt. Aber sie folgte ihrer Mutter, lief mit ihr die Straße entlang, stieg in die U-Bahn ein, stieg einmal um, stieg wieder aus und fuhr die Rolltreppe mit ihr an die Oberfläche zu einer Straße, die sie nicht kannte. Dann ging es wieder über einen Bürgersteig, sie bogen paarmal ab, bis sie endlich vor einem Haus, vor dem sich ein schmaler Rasenstreifen befand, stehen blieben. Vor der verschlossenen Haustür nahm die Mutter wie selbstverständlich einen Schlüssel aus ihrer Tasche, um damit die Haustür aufzuschließen, stockte, als ihr dieses mißlang und daraufhin den zweiten Schlüssel ausprobierte, der schließlich die Tür öffnete. Dann standen sie wieder in einem Treppenhaus, gingen ein Stockwerk nach oben, öffneten eine fremde Wohnungstür und blieben mitten in einem der beiden Zimmer stehen:

„Wir sind jetzt hier zu Hause",

sagte die Mutter, und die Kleine war froh, daß sie ihr Schweigen endlich beendet hatte.

„Karl-Heinz war nicht gut",

traute sich das Kind nach einer Weile zu sagen.

„Du hast recht, Kleine. Wir machen das jetzt alleine, hörst du? Und verspricht mir, daß du hier keinen in die Wohnung läßt: du machst niemals die Tür auf, und du öffnest niemals das Fenster. Versprochen?"

„Versprochen!"

Und die Mutter sagte ihr nicht, wie Karl-Heinz wirklich war und erzählte ihr auch nicht von ihrem Vater, der kam und schnell wieder ging, sodaß sie sich nicht einmal mehr an seinen Blick erinnerte, sondern nur noch daran, daß er diesen stets vor ihr zu verbergen suchte, wie sie heute meinte. Schnell hatte sie damals das kleine Dorf verlassen, ließ das Baby bei der Mutter, um in der Stadt zu arbeiten wie so viele andere auch. Und es dauerte nicht lange, bis er an einem Abend vor ihr stand: Karl-Heinz. Sie ließ sich beeindrucken von seinen fremden Manieren und auch von dem Geld, das bei ihm niemals ein Ende zu nehmen schien und folgte all seinen Versprechungen:

„Wir werden glücklich sein in Deutschland",

hatte er gesagt,

„und es wird dir und der Kleinen an nichts fehlen."

Und sie hatte ihn angeschaut.

„Ich werde auf euch aufpassen dort. Auf dich und auf dein Kind auch."

Und sie folgte ihm weg aus Thailand, weg aus der Stadt, weg auch von Zuhause.

In der Tat, Karl-Heinz hatte ihr alles versprochen, sie aber hatte sich nicht alles gefallen lassen: zu stolz war sie und wußte um die Stärke ihres Dorfes, aus dem sie gekommen war.

„Wir machen das jetzt alleine. Und du mußt jetzt schnell wachsen, damit du groß und stark wirst und mir ein wenig helfen kannst."

„Ja, das machen wir. Und ich werde wachsen."

„Ich wußte, daß ich mich auf dich verlassen kann",

und sie schaute ihrer Tochter fest in die Augen:

„Weißt du was: ich bin richtig stolz auf dich!"

VI.

Erst als die kleine Thailänderin merkte, daß sie am offenen Fenster stand und damit gegen das Verbot der Mutter gehandelt hatte, hielt sie mit dem Schreien schließlich inne. Schnell war sie mit der Erklärung bei der Hand, daß sie selbst gar keine Schuld traf, sondern die ganze Schuld an dieser Situation einzig bei ihm da unten lag. Hätte er nicht gestohlen, hätte er nicht getötet, und wäre er nicht auch noch ein weiteres Mal unter ihrem Fenster vorbeigekommen, sie hätte niemals gegen das Verbot ihrer Mutter gehandelt und das Fenster geöffnet. Und als sie noch dabei war, die entstandene Schuld abzuwägen und zuzuweisen, fiel dem Mädchen endlich die Lösung ein, wie dieses Problem jetzt auch wieder aus der Welt zu schaffen sei:

„Du kommst hier nicht rein! Du brauchst es erst gar nicht versuchen: du kommst hier sowieso nicht rein!"

„Was willst du Schreihals von mir?"

Er verlor die Geduld und wollte sich nicht länger anschreien lassen. Und beschuldigen lassen, wollte er sich schon ganz und gar nicht.

„Ich bin kein Dieb, merk dir das. Und ich bin erst recht kein Mörder, merk dir das gefälligst auch."

„Bist du doch."

„Du weißt ja nicht mal, was ein Mörder ist."

„Weiß ich wohl, ich bin nicht dumm."

Er spürte, daß er in Rage geriet, je lauter das Mädchen dort oben am Fenster wurde und je mehr es ihm widersprach. Allem Anschein nach ließ es sich von ihm, von einem Erwachsenen, nicht beeindrucken.

„Wenn du mir was zu sagen hast, dann tu das gefälligst in einem höflichen Ton."

„Ich sag nicht ‚Sie' zu dir – niemals!"

„Du weißt ja nicht, was sich gehört. Hat dir eigentlich noch keiner was beigebracht?"

„Du kommst hier nicht rein!"

„Was soll das? Hör auf damit! Du weißt ja nichts! Du kannst ja nicht mal auf eine einfache Frage eine richtige Antwort geben."

Und weil er sich mit diesem Kind so gar keinen anderen Rat wußte, schickte er rasch hinterher:

„Du weißt ja noch nicht mal, daß man sich morgens auch die Haare kämmt. So viel

Unordnung auf dem Kopf kann nur Unordnung im Kopf bedeuten!"

Er erschrak und schaute zu Boden. Sie nahm ihren Blick nicht von ihm und fixierte ihn damit immer mehr.

„Du brauchst gar nicht gucken, wie sich deine Zehen bewegen."

Er war überrascht.

„Du weißt ja gar nicht, ob ich meine Zehen bewegt habe oder nicht. Das kannst du von da oben ja gar nicht sehen."

Und dann etwas leiser:

„Und außerdem habe ich ja Schuhe an."

Sie schaute auf ihn herunter. Man durfte nicht auf jemanden einschlagen, der am Boden lag. Und man durfte auch nicht auf jemanden gucken, der am Boden lag. Sie nahm ihren Blick von ihm und schaute auf die Straße.

„Weil man immer schaut, wie sich die Zehen bewegen, wenn man sich schämt."

Und weil er nichts sagte, setzte sie nach:

„Das weiß ich schon lange."

Er fühlte sich nicht ertappt - sie hatte ihn berührt. Dieser Schreihals konnte sogar still sein. Er schaute hinauf zu ihr und sah, daß sie ihren Blick von ihm abgewendet hatte, und die Stille zwischen ihnen schaukelte leicht hin und her, bis sie ihn schließlich deutlich anstieß:

„Du kommst aus Thailand, richtig?"

Da fühlte er schon, daß der Streit beendet war und es jetzt nötig wäre, einer kleinen verletzten thailändischen Seele mit einem Lächeln zu begegnen. Und tatsächlich lächelte sie vom geöffneten Fenster zurück, wenn auch noch sehr verhalten. Ein Lächeln, das nicht nur signalisieren sollte, hab keine Angst mehr, sondern dessen Aufgabe auch darin bestand, die Tränen zurückzuhalten, die niemand sehen sollte – und er erst recht nicht: noch niemals, seit sie hier war, hatte sie jemand mit einem solchen Ton auf ihre Herkunft angesprochen.

„Woher weißt du das denn?"

„Ich glaube, daß ich Thailänder mittlerweile erkennen kann."

„Wie soll das denn gehen?"

Er lächelte und zwinkerte mit den Augen:

„Nun, ich bin schon ziemlich oft in Thailand gewesen. Und da habe ich nämlich auch schon ziemlich viele Thailänder gesehen."

„Und deswegen siehst du uns jetzt auch hier?"

„So einfach ist das, meine Dame."

VII.

Es war einer der weniger unruhigen Tage in ihrem Leben gewesen, als sie am frühen Abend ihre Lippen fest aufeinanderpreßte, eine ernste Miene auflegte und entschied, daß es jetzt endlich geregelt gehörte. Allerdings: geregelt hatte sie es schon seit langer Zeit und weit mehr als nur ein einziges Mal. Wieder und wieder tat sie es in den unzähligen Stunden, die sie mit geschlossenen Augen im Bett zugebrachte. Nun aber sollte es aufgeschrieben werden und damit eine Verbindlichkeit erhalten, die für jeden zu gelten hatte.

Und sie würde später auch alle davon in Kenntnis setzen. Freilich nicht alle zur gleichen Zeit, sondern jede einzelne ihrer Schwestern für sich allein, sodaß dann keine von ihnen mehr sagen könnte, sie hätte nichts davon gewußt. Und es wäre allemal leichter, nur mit einer einzigen Schwester zur gleichen Zeit zu sprechen, da sie sich somit auch nur jeweils gegenüber einer einzigen Schwester zu rechtfertigen hätte. Aber sie beabsichtigte nicht wirklich, sich überhaupt rechtfertigen zu müssen – ganz im Gegenteil: sie würde nämlich vorbereitet sein und würde die Gespräche mit den Schwestern bei sich zuhause führen. Und zudem würde sie allen diesen Gesprächen voranstellen, daß sie nicht beabsichtige, mit den Schwestern zu diskutieren, vielmehr solle es nur darum gehen, ihnen etwas mitzuteilen, sie sozusagen in Kenntnis zu setzen. Da sie ja aber alle doch ein gutes Verhältnis miteinander hätten, würde sie eventuellen Ergänzungen - sie würde es vermeiden, von

Verbesserungen zu sprechen - mit Sicherheit auch offen gegenüberstehen.

Und in diesem Zusammenhang hätten die Schwestern schließlich auch zu berücksichtigen, daß sie ihnen gegenüber sicherlich auch so etwas wie einen fachlichen Vorsprung mitbrächte. Schließlich sei sie diejenige Schwester unter ihnen, die regelmäßig - und zwar über viele Jahre hinweg, wenn nicht sozusagen ihr ganzes Leben lang - die Nähe zur Kirche, zur Gemeinde und insbesondere zur Geistlichkeit gesucht hatte. Genau genommen wäre darüber hinaus sogar auch noch von einem beruflichen Mehrwissen zu sprechen: denn es galt, zu berücksichtigen, daß sie schließlich über viele, viele Jahre, in der Krankenhausbibliothek ihren Dienst versehen hatte. Dabei spielte es auch gar keine Rolle, daß sie diesen Dienst nur halbtags ausgeübt hatte – sie tat eben immer, was in ihren wenigen Kräften stand. Dort, in diesem Krankenhaus, hatte sie nicht nur Zeit gehabt, sich selbst mit allen erdenklichen Fragen des Glaubens auseinanderzusetzen. Vielmehr war es ihr darüber hinaus auch möglich gewesen, genau diese Fragen und Gedanken mit der Geistlichkeit des Hauses, mit den Ärzten, mit interessierten Patienten und doch auch wenigstens hin und wieder mit der einen oder anderen Kollegin zu erörtern. Das ermöglichte es ihr im Ergebnis, ihre eigene Position nicht nur zu finden, sondern diese dann vielmehr auch noch zu festigen.

Sie würde vorbereitet sein auf die Gespräche mit ihren Schwestern!

Und auch jetzt wollte sie die Regeln, wollte die Ordnung nicht nur einfach aufschreiben, denn dieser besondere Augenblick verdiente es zudem, auch einen besonderen Rahmen zu erhalten: nicht ins Wohnzimmer wollte sie sich dazu setzen, nicht in ihren Sessel unter der Stehlampe, sondern sie würde sich an den sauber abgeräumten Küchentisch setzen, gegenüber des Platzes, an dem sie jeden Tag aß. Und vor ihr würde nichts anderes liegen als der dunkle Füllfederhalter und der Schreibblock mit dem Linienpapier, auf deren oberster Linie in sauberer Schrift stehen würde: *Meine Beerdigung.*

Und genau dort hatte sie in der durch das Deckenlicht hell ausgeleuchteten Küche gesessen und in aufrechter Haltung auswendig alle Lieder und auch alle Bibelstellen aufgeschrieben, die sie sich zu hören wünschte. Es dauerte nicht lange, keine zehn Minuten, dann war sie mit ihrer Arbeit fertig. Sie blieb vor dem Schreibblock sitzen und wartete auf das, was jetzt kommen würde. Sie hatte sich etwas Großes vorgestellt, vielleicht sogar auch etwas Erhabenes – und spürte doch nur wie mit Macht ihre Unruhe aus dem Nichts auf sie zukam und Besitz von ihr ergriff:

„Nein, bitte nicht. Nicht heute. Heute bitte nicht!"

Vielleicht war es keine gute Idee gewesen, nach dem Schreiben noch in sich hineinhören zu wollen. Vielleicht rief sie die Unruhe damit sogar nur. Diese Unruhe durfte heute auf keinen Fall die Oberhand gewinnen, nicht heute an diesem Abend, an dem sie diese Aufgabe erledigt hatte. Und sie wußte auch heute nicht, was sie der aufkommenden Unruhe entgegensetzen könnte, wußte nur, daß sie heute, hier und jetzt, nach dieser Arbeit nicht verlieren und sich im Bett verstecken wollte. Sie zwang sich, am Küchentisch sitzen zu bleiben, und weil es ihr half, hielt sie sich mit aller Kraft an der Tischkante fest: der Daumen der linken Hand und die Finger ihrer rechten Hand drückten dabei fest auf die saubere Tischplatte.

Der Blick auf ihre weißen Fingerkuppen trug sie fort: schon einmal hatte sie sich so festgehalten - vor wer weiß wie langer Zeit. Niemals wieder war sie an jenen Ort von damals zurückgekehrt. Aber sie liebte es, sich an diesen Augenblick zu erinnern. Die Kraft, die sie damals - wenn auch nur für wenige Augenblicke - gespürt hatte, verließ sie ihr gesamtes Leben nicht mehr. Diese Kraft ließ sich von Zeit zu Zeit sogar hervorholen. Zwar nicht dann, wenn die Unruhe über sie kam, sondern dafür aber später, dann, wenn diese sie kraftlos in ihrem Bett zurückließ. Dann konnte sie für Momente sogar tief durchatmen, tiefer und tiefer, sodaß sie spürte, wie sich ihre Brust hob und sich ihr Busen bei jedem Atemzug leicht an der Bettdecke rieb.

Es war damals einer jener Samstage gewesen, die schon so still begonnen hatten, sodaß sie hören konnte, wie der Zucker beim Frühstück in ihrem Tee unterging - dieses Geräusch war ihr nur zu bekannt. Sie wußte, daß es in diesen Augenblicken nur zwei Möglichkeiten gäbe, dieses Geräusch wieder aus ihrem Kopf vertreiben zu können: sie ging entweder sofort zurück in ihr Bett, ganz schnell, oder aber sie schaffte es andererseits, sich die festen Schuhe anzuziehen, sich in die Bahn zu setzen und hinaus aufs Land zu fahren. An jenem Tag hatte sie den Weg zum Schuhregal geschafft und zweifelte doch aber schon in der Bahn daran, daß dieser Weg der richtige gewesen war. Es fiel ihr so schwer, hier im Waggon still sitzen zu müssen und sich nicht bewegen zu können. Sie versuchte, mit ihrem Blick aus dem Fenster hinaus bereits durch die Wiesen zu laufen. Dann endlich der Bahnhof, und mit dem Bahnhof kam der Regen, vor dem sie sich mit ihrem alten, langen Regenmantel so gut es ging zu schützen versuchte. Sie zog sich noch eine Regenhaube über und begann mit festen Schritten loszugehen, ohne sich dabei wirklich für eine Richtung zu entscheiden und noch viel weniger für ein Ziel, das es für sie hier in dem Nichts auch nicht gab. Es gab nur das Gehen und mit dem Gehen gab es bald auch schon den

Regen nicht mehr, gab es bald keine anderen Menschen mehr und im Grunde gab es weder die Wiesen um sie herum, noch den Weg, auf dem sie ging. Am aller wenigsten gab es im Gehen aber die Unruhe und auch nicht mehr ihre fehlenden Kräfte, die sie so häufig als ihr Leben zitierte.

An diesem verregneten Samstagmittag aber sollte es in all diesem Nichts um sie herum tatsächlich doch noch etwas Weiteres geben: es wäre ihr verborgen geblieben, wenn sie nicht so stoisch vor sich auf den Weg gestarrt hätte, der mit einem Mal zu Ende war und sie mit dessen Ende abrupt stoppte. Sie schaute hoch, der Regen rann ihr wie Tränen über das Gesicht, und vor ihr stand ein altes Wegkreuz, schief, aus Stein und schon leicht mit dunklem Moos bewachsen, nicht höher als vielleicht eineinhalb Meter. Sie fühlte in nie gekannter Klarheit, daß sie am Ziel war. Genau hier hatte sie doch schon einmal so ganz voller Vertrauen gestanden. Sie schaute sich rechts und links über die Schulter, ob sie jemand da draußen stehen sähe, um dann die zwei, drei noch fehlenden Schritte hin zum Kreuz zu tun, davor niederzuknien, es in ihre Arme zu schließen und fest, so fest mit ihren Armen und Händen zu drücken, bis ihre Fingerkuppen weiß unter den Nägeln wurden. Das Kreuz, naß vom Regen, ihr Gesicht naß von ihren Tränen, bildeten beide für wenige Augenblicke in diesem Nichts dort draußen in der Welt eine so innige Einheit, sodaß nicht nur nichts zwischen sie gepaßt hätte, sondern daß sie genau dieses Nichts in dem Moment mit so viel Kraft erfüllte, sodaß sie sich erneut darauf verlassen konnte, und welches sie für sich ganz im Stillen als das Ziel ihres Weges ausmachte: *Christus, der ist mein Leben, Sterben ist mein Gewinn*[4].

Sie werden alle da sein, dachte sie an ihrem Küchentisch. Sie werden alle kommen zu meiner Beerdigung, die Schwestern und die Nichten und bestimmt auch noch der ein oder andere, der mich kennt. Sie werden alle da sein, und sie werden alle an mich denken, eine halbe Stunde vielleicht, vielleicht auch ein wenig länger: *so will ich diese Tage mit euch leben und mit euch gehen in ein neues Jahr*[5].

Sie löschte das Licht in der Küche und ging hinüber ins Wohnzimmer, setzte sich in ihren Sessel unter der Stehlampe und wartete darauf, daß es Zeit werden würde, schlafen zu gehen.

VIII.

„Was machst du in Thailand?"

„Spazierengehen zum Beispiel."

„Das gibt es nicht: niemand fährt nach Thailand, nur um da spazieren zu gehen."

„Stimmt aber trotzdem."

„Nein! Man muß so lange fliegen. Ich weiß das, ich bin schon geflogen von Thailand. Und als ich geflogen bin, habe ich dreimal geschlafen. So lange hat das gedauert. Und außerdem hat es zweimal was zum Essen gegeben - immer, wenn ich aufgewacht bin",

da stolperte sie über ihre eigenen Worte und überlegte kurz und angestrengt:

„Einmal muß ich das Essen wohl verschlafen haben."

„Das kann schon sein, wenn man nicht aufpaßt."

„Ich habe aufgepaßt. Ich passe immer auf!"

Die Schärfe kehrte sofort in ihre Stimme zurück.

„Na dann kann dir ja nichts passieren, wenn du immer aufpaßt. Deshalb sitzt du wohl auch da oben am Fenster und paßt auf die Straße auf, oder?"

„Ich passe nicht auf die Straße auf. Der kann nichts passieren. Auf eine Straße muß keiner aufpassen."

„Und worauf paßt du denn dann da oben auf?"

Es bereitete ihm mehr und mehr Freude, das Mädchen herauszufordern.

„Das sag ich dir nicht."

„Und warum nicht?"

„Weil ich nicht will. Ich muß dir das nicht sagen."

Sie überlegte einen Moment und war hin- und hergerissen zwischen ihrem Trotz und ihrer Abneigung dem Mann dort unten auf der Straße gegenüber auf der einen Seite und zwischen dem

Reiz, der von ihm ausging auf der anderen Seite: er war ohne Zweifel ein Dieb und ein Mörder, und er schien Thailand zu mögen - das paßte nicht zusammen.

„Du hast mir ja auch nicht gesagt, warum du nach Thailand fährst."

Er mußte lächeln und freute sich über ihren neuerlichen Anlauf.

„Nun, eigentlich ist das ganz einfach: ich bin da vor ein paar Jahren mal hingefahren, weil ich da noch niemals war. Damals hatte es mir dort richtig gut gefallen. Und weil das so war, bin ich im Jahr darauf dann wieder nach Thailand gefahren."

„Und dann hatte dir das wohl wieder gefallen",

sie grinste frech und schob ihre Unterlippe weit vor.

„Das haben Sie richtig erkannt, meine Dame."

„Und dann? Wieder hingefahren?"

„Richtig! Und dann wieder und wieder und wieder. Jetzt fahre ich immer nach Thailand, wenn ich wegfahre."

Er überlegte einen Moment:

„Manchmal will ich gerne auch woanders hinfahren, aber wenn es dann ans Losfahren geht..."

„... dann fährst du wieder hin "

„Vollkommen richtig."

„Das war nicht schwer zu erraten. Man kann dich ja leicht durchschauen."

„Oh, meine Dame, das kannst du nur, wenn ich das auch will, sonst nicht."

„Ja, aber du willst es ja",

und sie grinste von oben herunter. Und er lächelte von unten zu ihr nach oben.

Der Mann steckte seine Hände in die Hosentaschen, drehte sich ein paarmal um sich selbst und legte den Kopf leicht in den Nacken, nachdem er seinen Blick vom Boden wieder aufgehoben hatte und zu ihr nach oben schaute:

„Weißt du, wir hier sagen ‚Stadt der Engel', wenn wir von Bangkok reden. Aber das ist eigentlich falsch übersetzt, weil in dem richtigen Namen der Stadt das Wort Engel überhaupt nicht vorkommt. Richtig übersetzt muß das nämlich ‚Stadt der Götter' heißen. Das haben wir nur für uns so gemacht, weil wir es so viel schöner fanden, und weil wir es so auch besser verstehen konnten. Denn die Götter auf den alten Bildern wurden nämlich mit Flügeln dargestellt. Und da war es für uns eben viel leichter, sie uns auch als Engel vorzustellen."

„Jetzt verstehe ich dich gar nicht mehr."

Sie zog ihre Augenbrauen tief zusammen.

„Siehst du, so schnell kann das gehen. Weißt du: man muß nämlich immer verdammt gut aufpassen, wenn die Leute einem etwas erzählen. Gerade wenn man jung ist, glaubt man oft daran, was die Leute einem sagen. Und dann glaubt man das ein ganzes Leben lang, auch wenn es vielleicht falsch ist. Denn es ist so schwer, etwas wieder zu verlernen, was man erst einmal in seinem Leben gelernt hat."

Sie hatte aufmerksam zugehört, und es war ihm nicht verborgen geblieben, daß sie trotzdem den Sinn seiner Worte nicht wirklich verstanden hatte.

„So ein bisschen war es bei mir auch mit dem Namen ‚Stadt der Engel‘: ich habe auch geglaubt, was die Leute gesagt haben. Ich war auch der Meinung, daß Bangkok ‚Stadt der Engel‘ heißt. Nun ist das in mir drin. Und immer, wenn ich in Bangkok bin und fröhliche Menschen sehe, dann muß ich an Engel denken."

„Das ist doch toll!"

„Eigentlich schon, auch wenn es eben nicht so ganz richtig ist."

„Dann glaub ich jetzt auch, daß in Bangkok Engel sind",

und setzte nach kurzer Überlegung hinzu:

„Und weißt du was?"

Sie machte noch einmal eine kleine Pause, um die Spannung einen weiteren Moment halten zu können, strahlte dabei über das ganze Gesicht und riß schließlich noch beide Arme weit nach oben über ihren Kopf:

„Ich bin dann nämlich auch ein Engel!"

Er freute sich mit ihr und glaubte schon, daß das Eis zwischen ihnen nun endgültig gebrochen sei.

„Und siehst du: deshalb stehe ich hier unten auf der Straße und rede mit dir da oben am Fenster: jetzt freue ich mich nämlich darüber, daß hier bei uns nun auch ein wenig von der Stadt der Engel ist. Das ist doch toll!"

Beide lächelten, wenn auch nur für einen kurzen Moment: er wußte nicht, wie die Unterhaltung weitergehen könnte, und ihr kam plötzlich wieder in den Sinn, warum sie hier eigentlich beide zusammen waren. Sie schaute ihn ernst von oben herab an:

„Eigentlich bist du nett, weil du uns magst und immer zu uns hinfährst. Aber eigentlich bist du böse."

Er spürte ihre Traurigkeit schneller, als daß er ihren Konflikt tatsächlich verstanden hätte. Er fühlte sich hilflos und wünschte sich doch, diesem thailändischen Mädchen helfen zu können. „Aber eigentlich bist du böse" – klang es in ihm nach, und er fühlte, daß es für sie in der Tat so sein mußte, daß er ein böser Mensch war.

Und weil dieser Mann da unter auf der Straße wohl tatsächlich beides war - nett und böse zugleich - faßte das Mädchen all ihren Mut zusammen:

„Ich weiß jetzt nicht, was ich machen soll: böse mit dir sein oder nett."

Jeder schwieg für sich.

„Warum du mich nett findest, das kann ich mir jetzt denken. Aber - warum bin ich denn böse?"

Sie war überrascht - richtig überrascht! Ja warum wußte er das denn nicht? Er war doch dabei gewesen, er hatte es doch sogar selbst getan. Und sie hatte es ihm doch auch gesagt, wieder und immer wieder! Und er wußte nicht, warum er böse war? Diesem Mann war nicht zu trauen. Und wenn seine Frage nicht so ehrlich geklungen hätte, dann hätte sie spätestens jetzt das Fenster schließen sollen. Sie wollte ihm noch eine Chance geben:

„Weißt du das denn wirklich nicht?"

Gespannt wartete sie darauf, was er sagen würde.

„Entschuldige bitte, aber ich weiß es wirklich nicht. Bitte sage es mir, damit...",

er wußte nicht, wie er seinen Satz beenden sollte. Und sie spürte, wie wichtig es wäre, daß er seinen Satz beenden würde. Sie wartete ab.

„Wenn ich nicht weiß, warum ich böse bin, dann kann ich dir nicht sagen, ob du jetzt böse oder nett zu mir sein sollst."

Er war mit sich zufrieden. Und sie war mit ihm auch zufrieden.

Für den Augenblick reichte beiden die Antwort – aber nur für den Augenblick, denn es legte sich schon wieder ein Schweigen zwischen sie, das sich nicht mehr von selbst auflöste.

Er machte den Anfang:

„Und wenn sich dann herausstellt, daß ich wirklich böse bin, dann möchte ich die Chance bekommen, dich um Verzeihung zu bitten."

Er wartete ab, um zu sehen, ob sie ihn auch wirklich verstanden hatte. Dann sagte er:

„Aber dazu brauche ich jetzt auch deine Hilfe."

Sie ging mit:

„Du bist heute schon mal hier gewesen. Da warst du auf dem Rasen. Ich habe gerade noch gesehen, wie du wieder weggegangen bist. Und als du weg warst, waren auch meine drei Gänseblümchen weg. Du hast sie gestohlen. Und deshalb bist du ein Dieb. Sowas macht man nicht!"

Sie spürte, daß sie mit jedem Satz, den sie sprach, immer ruhiger wurde. Es war gut, zu sprechen. Und vor allen Dingen war es gut, das, was geschehen war, jetzt endlich auch auszusprechen zu können. Ein wenig war es, wie in ihrem Dorf.

Aber sie hatte ja auch erst die eine Hälfte ihrer Geschichte erzählt. Wenn sie ihm wirklich helfen wollte, dann müßte sie ihm auch die zweite Hälfte erzählen. Er sollte wissen, daß er nicht einfach nur Gänseblümchen gestohlen hatte. Er sollte auch das andere noch wissen. Aber das war schwieriger, und sie wußte nicht wirklich, wie sie es ihm sagen sollte. Und doch sollte er wissen, worum es hier wirklich ging – sie wollte ihm helfen. Aber dazu mußte sie so ganz tief in sich hineinschauen lassen. Und in die anderen doch auch noch: in die Oma, in ihre Mutter und auch in das kleine Schwein. Sie wußte nicht, ob das richtig wäre. Sie spürte nur, daß sie ganz allein war, daß da niemand war, der ihr helfen könnte. Es war so schwer, das jetzt alles alleine machen zu müssen.

Ungeduld und auch Verzweiflung schoben sich in ihr hin und her: drohte die Ungeduld überhand zu gewinnen, wollte sie schreien, schob sich die Verzweiflung in den Vordergrund, dann hätte sie ganz fest schweigen wollen. Es gab einfach keine Mitte, sodaß die Unruhe in ihr immer und immer größer wurde und sie immer mehr ausfüllte: sie war in ihren Füßen, sogar in ihren Beinen, sodaß sie von einem aufs andere wippte und damit die Unruhe nur noch mehr in Wallung brachte, und sie diese mit einem Mal schon ganz deutlich oben in ihrem Hals spürte. Und deshalb schluckte sie und schluckte. Und es gelang ihr mit jedem Schlucken ein wenig besser, die Unruhe einzufangen, sodaß sie schließlich ganz still dort oben am Fenster stand – still, wie eine Große.

„Das eine Gänseblümchen, das war meine Oma in Thailand. In unserem Dorf, an unserer Straße, in unserem Haus. Und meine Oma war immer gut zu mir. Und auch jetzt hier unter meinem Fenster hat sie sich immer gefreut, wenn ich aus der Schule gekommen bin und wir miteinander geredet haben.

Und das andere Gänseblümchen, das war meine Mutter. Und auch meine Mutter war immer gut zu mir. Meine Mutter ist sogar stolz auf mich. Meine Mutter kann sich auf mich verlassen. Und auch meine Mutter hat sich jeden Tag gefreut, wenn ich ihr mittags davon erzählt habe, wie es in der Schule war.

Und das dritte Gänseblümchen, das war unser kleines Schwein in unserem Dorf. Das hat eine lustige Nase und hat immer lustige Sachen gemacht. Da mußte ich immer lachen, wenn ich es beobachtet habe. Und auch jetzt hier hat mich unser kleines Schweinchen immer zum Lachen gebracht, wenn ich so alleine war, weil meine Mutter noch in der Arbeit war und meine Oma so weit weg.

Und jetzt sind alle drei weg. Sie sind tot."

Um ihn auch wirklich mit dem, was sie gesagt hatte, zu treffen, setzte sie noch einmal nach:

„Und alle drei waren Thailänderinnen."

Sie war fertig, und sie war ganz ruhig und zog die Luft tief durch die Nase ein.

Und er war schuldig. Und er war böse. Er war ein Dieb. Und er war auch ein Mörder. Und er spürte, wie er immer trauriger wurde.

„Kannst du mir verzeihen?"

„Ich weiß, daß man verzeihen muß, wenn man darum gebeten wird",

sagte sie schnell, weil sie das schon zuhause in Thailand gelernt hatte.

„Ja, aber Verzeihen soll doch auch vom Herzen kommen",

sagte er,

„und ich weiß auch, daß das nicht leicht ist."

54

Sie dachte nach:

„Ich glaube, mein Herz ist zu."

Er war der Lehrer. Er mußte wissen, was zu tun war. Und er spürte nur Unsicherheit.

„Vielleicht kann ich dein Herz ja wieder aufmachen."

Sie spielte mit ihren Fingern:

„Wie willst du das denn machen?"

„Ich weiß es nicht genau: ich weiß nur, was für mich wichtig wäre, wenn ich verzeihen müßte. Aber ich weiß nicht, ob das auch für dich wichtig ist."

„Ich verstehe dich wieder nicht",

und sie wurde wieder ungeduldig.

Er versuchte, sie mit seinem Blick zu halten:

„Das ist auch schwer zu verstehen. Es ist immer alles schwer zu verstehen, was mit dem Herzen zu tun hat."

„Wenn es schwer ist, dann mußt du das einfach ausprobieren."

Er freute sich über die Chance, die sie ihm gab und lächelte zu ihr nach oben:

„Kann gut sein, daß du recht hast. Manchmal ist es ja auch so, daß man eine Sache mit dem Kopf nicht versteht, aber man versteht sie mit seinem Herzen. Das wäre dann doch auch richtig."

Sie überlegte wieder eine Weile, wobei sie vor sich auf den Rasen schaute: Herz und Herz, das klang irgendwie richtig.

„Versuch es einfach!"

IX.

Ganz deutlich drang die Stimme der alten Frau an sein Ohr:

„Man muß auch an den Nächsten denken!"

Und es war nicht zu verkennen, wie sie ihn mit der Entschiedenheit ihrer Stimme zur Ordnung rufen wollte:

„Sich nicht auf das Lautsein der anderen legen! Sollen sie doch reden, wenn sie reden wollen – vielleicht müssen sie jetzt ja sogar reden?"

Er fühlte sich getroffen und schaute vor sich auf den Kiesweg. In seiner Scham machte er sich erneut auf die Suche nach dem Knirschen der Gummiräder, die ihren Sarg über den Weg trugen. Er hörte aber nur das Knirschen seiner eigenen Schritte. Und es fiel ihm so schwer, über die Stimmen der anderen Leute auf der Beerdigung hinwegzuhören. Aber er wollte es ihr zuliebe versuchen. Mit jedem Knirschen zählte er seine Schritte. Das ging gut, denn er mußte zum Zählen gar nicht auf den Boden schauen, sondern konnte mit seinem Blick vielmehr immer wieder zu ihren Sarg schauen. Das Knirschen drang von allein an sein Ohr, Schritt für Schritt – und legte sich mit einem jeden sogar bald auch auf die Stimmen der anderen.

„Man muß auch an den Nächsten denken!"

Und sie hatte recht, die alte Frau.

Über all diesem Denken, Fühlen und Zählen bog der Zug ein weiteres Mal in einen neuen Seitengang ein, in welchem er links hinten im letzten Drittel ein offenes Grab sah. Auf der gegenüberliegenden Seite des Weges standen fünf oder sechs Stühle. Dort angekommen, hoben die Sargträger sie vom Wagen über das offene Grab, legten noch das Blumenbouquet zurück auf die Höhe ihrer Brust und ließen sie ruckweise in die Tiefe hinab. Dann stellten sie sich ein wenig abseits der Reihe nach auf.

Die Pfarrerin trat vor das offene Grab, verneigte sich routiniert, um sich dann an die nun schweigende Trauergemeinde zu wenden und schaute in die Runde, ohne dabei auch nur einen einzigen Blick aufzunehmen.

Er mochte die Pfarrerin nicht, hatte sie schon zuvor in der Aussegnungshalle nicht gemocht.

„Man muß auch an den Nächsten denken!"

Und kein Knirschen unter seinen Füßen, da er nun doch still stehen mußte.

Aber da nahm sie ihn schon an der Schulter, die alte Frau, und brachte ihn weg von der Gesellschaft. Ganz deutlich spürte er ihre Hand und ließ sich sanft die wenigen Schritte hinüber zu der Bank von ihr schieben. Dort nahmen sie beide Platz. Sie redeten nicht miteinander, wie sie so oft nicht miteinander zu reden brauchten, wenn sie zusammen saßen und sich die Welt anschauten. Ganz genauso so, wie sie sich jetzt hier aus einiger Entfernung die Beerdigung anschauten. Es war schön, sich nun in einer so vertrauten Situation wiederzufinden. Was heute aber fehlte, war ihr Griff in die Manteltasche, aus der sie für jeden einen Hustenbonbon herausholte und darauf wartete, daß sie ihm sein Bonbonpapier wieder abnehmen konnte, um es dann wieder in ihrer Manteltasche verschwinden lassen zu können. Erst dann konnte auch sie beruhigt auf ihrem eigenen Bonbon lutschen und dabei von Zeit zu Zeit die angesammelte Spucke durch die breiten Lücken ihrer Zähnen ziehen.

Er hätte gut noch eine weitere Weile dort mit ihr auf der Bank sitzen können, aber ein Flötenspiel zog ihn zurück an das offene Grab: die Trauergemeinde sang, und eine kleine Frau spielte dazu die Melodie auf der Blockflöte. Er mochte keine C-Flöten, das hatte er ihr einmal gesagt, nachdem sie ihn schon zum wiederholten Mal auf ihrer Flöte in seinem Religionsunterricht begleitet hatte, wenn es darum gegangen war, mit seiner Klasse zusammen zu singen.

„Na, das ist doch kein Problem, da nehme ich einfach die Alt-Flöte",

hatte sie ihm daraufhin kurzerhand erwidert.

Und spätestens mit dieser Nonchalance hatte sie ihn damals für sich gewonnen. Nicht nur, daß sie ihn mittlerweile wie selbstverständlich mit ihrer Flöte zu dessen Singstunden begleitete, nachdem er ihr einmal bei einem Treffen im Hausflur erzählt hatte, wie schwer es ihm fiel, ohne Instrumentalbegleitung singen zu müssen. Vielmehr hatte ihm damals imponiert, daß sie auch gegen sich selbst so überaus pointiert auftreten konnte: genügte das, was sie tat, nicht, änderte sie ihr Verhalten einfach kurzerhand, ohne viel darüber zu sprechen. Und als sie einmal wieder eine Weile zusammen geschwiegen hatten, sagte er ihr, daß die Alt-Flöte nicht nur viel besser, viel weicher klingen würde, als all diese hohen C-Flöten. Zudem würde diese Flöte doch auch sehr viel besser zu ihr und zu ihrem Typ passen: die Flöte sei viel größer als eine C-Flöte, und sie sei ja schließlich auch keine kleine Person. Und außerdem würde der dunkle Klang der Alt-Flöte ja auch viel besser zu ihrer doch eher ernsten Art passen. Sie fühlte sich geschmeichelt, und als sie merkte, daß ihm das nicht verborgen geblieben war, sagte sie:

„Ob sie es glauben oder nicht, ich kann durchaus auch lustig sein",

grinste und gab ihm dann einen ihrer Hustenbonbons.

Nach dem Valet-Segen sangen sie erneut. Es gefiel ihm, daß auf ihrer Beerdigung so viel gesungen wurde – das hätte ihr mit Sicherheit gefallen, dachte er: Wort und Melodie, sie war beides, auch wenn sie der Welt immer nur das Wort zeigte. Und er wollte mitsingen, ihr zum Gefallen, so, wie sie so viele Male zusammen in seinem Unterricht gesungen hatten und sie ihm Sicherheit gab durch ihr Flötenspiel. Und er spürte, daß er heute genau dieser Sicherheit durch sie bedurft hätte. Als er versuchte, sich mit seiner Stimme in die Melodie zu legen, spürte er, wie ihm die Stimme versagte und er keine richtige Melodie und auch keinen richtigen Text zu singen in der Lage war. Zuerst glaubt er, daß es nur zu Beginn des Liedes so sein würde, um dann später aber festzustellen müssen, daß er heute so gar keine Sicherheit gewann. Er wurde leiser, damit niemand der anderen Trauergäste etwas von davon mitbekommen sollte. Und als ihm auch beim erneuten Kehrvers die Stimme versagte, die er dann versuchte, in der Strophe wiederzufinden, trat er einen weiteren, noch deutlicheren Schritt hinter die Gemeinde zurück, um schließlich von dort der eingängigen Melodie zusammen mit dem Text stumm auf dem Liedblatt zu folgen.

Die Melodie blieb ihm, und vielleicht sogar der ein oder andere Teil des Textes – und doch ja, ohne es eigentlich wirklich zu wissen, tatsächlich sogar das gesamte Lied, als dieses längst schon zu Ende war, die Flötenspielerin aufgehört hatte zu spielen, der Sarg längst schon in das Grab hinabgelassen war, und bereits die ersten Trauergäste vor das offene Grab traten und ihre Blumen davor ablegten und ein wenig Erde auf den Sarg zu streuten. Melodie, Text und tatsächlich das gesamte Lied nahm er mit, wie auch ihn selbst schon Melodie, Text und das gesamte Lied mitgenommen hatten, als auch er, nachdem alle anderen bereits am Grab gewesen waren, vor dieses trat, auf den Sarg darin schaute und sich zu sammeln versuchte: *so will ich diese Tage mit euch leben und mit euch gehen in ein neues Jahr*[5]. Da begann er, zu weinen, leise, blieb dort leicht gebeugt vor dem Grab stehen, gab seinem linken Arm Schwung, um seinen kleinen Gruß, den er noch immer nur zwischen Daumen und Zeigefinger hielt, anders als alle anderen eben nicht neben dem Grab abzulegen, sondern diesen Gruß zu ihr in das Grab hinab zu werfen: alle drei Gänseblümchen blieben oben auf dem Sarg zu ihren Füßen liegen.

X.

„Du hast sie ins Grab reingeschmissen? Du hast sie alle drei ins Grab reingeschmissen?"
Sie war fassungslos.
„Ja – das habe ich getan",
sagte er mit leiser, aber sicherer Stimme.
Der Schock stand dem thailändischen Mädchen ins Gesicht geschrieben, und sie konnte sich dort an ihrem Fenster kaum noch bewegen.
„Jetzt bin ich wirklich alleine – jetzt sind sie wirklich alle tot."
Sie hatte das Ende der Welt erreicht.

Er war böse, wirklich böse. Er war ein echter Dieb und ein echter Mörder. Ihm konnte sie nicht verzeihen. Ihm wollte sie auch nicht verzeihen. Und niemals, niemals würde sie es zulassen, daß er ihr Herz auch nur anschaute, geschweige denn, den Versuch unternahm, dieses öffnen zu wollen. Ihr Herz gehörte nur ihr!

Und vielleicht kamen Engel in diesem Moment zu ihrem Schweigen leise geschwebt, nahmen dieses und auch ihre Tränen mit sich auf ihren weichen Flügeln und trugen beides hinaus aus dem offenen Fenster dort oben und schwebten wohl wissend ganz nah über das Haupt des Mannes dort unten auf der Straße vor dem Haus hinweg, um alles in einem weiten Bogen hoch hinaufzutragen und schafften ihr dort schon längst ein neues Ich: die Liebe in ihrer reinsten Form braucht nur das Gefühl, sie braucht das Wort nicht und nicht einmal die Tat.

„Nein, sie sind ja gar nicht tot",

rief sie ihm mit einem Mal entgegen,

„du, ich glaube, sie sind doch nicht tot."

Sie schaute auf ihn hinunter und neigte den Kopf ein wenig auf die Seite. Sie dachte nach. Dabei legte sie die Stirn ein um das andere Mal in tiefe Falten.

„Weißt du was?",

präsentierte sie ihm das Ergebnis ihrer Überlegungen,

„jetzt sind doch alle zusammen. Zusammen mit deiner Freundin."

Das machte doch Sinn! Natürlich, das konnte doch gar nicht anders sein. Er hatte sie zusammengebracht, ohne es zu wissen. Und auch die anderen hatten es vorher nicht gewußt. So war das doch im Leben: man wußte morgens nicht, wen man den Tag über treffen würde. Manchmal blieb man auch alleine, aber manchmal traf man auch einfach fremde Leute. Und wenn alles gut war, dann verstand man sich auch gut.

„Die beiden alten Frauen haben sich bestimmt viel zu erzählen",

sagte sie voller Aufregung,

„so ein langes Leben – und dann auch noch zwei ganz fremde Länder. Hey, was sag ich: es sind sogar zwei fremde Leben: das von meiner Oma und das von deiner Freundin."

Und nachdem sich das Mädchen die beiden alten Damen eine ganze Weile angeschaut und ihnen beim Erzählen zugehört hatte, sagte sie:

„Da muß meine Mutter aber viel zuhören, wenn die alten Frauen reden. Eigentlich mag sie ja auch gerne reden. Am liebsten, wenn sie Tee trinkt. Aber ich glaube, jetzt muß sie lange warten, bis die anderen sie auch mal drankommen lassen."

Und wie gerne hätte sie auch mit den drei Frauen zusammen gesessen und geredet. Am liebsten natürlich in dem kleinen Dorf mit der Straße.

Aber das ging ja nicht, sie war jetzt ja hier in Deutschland mit dem offenen Fenster.

Und dabei schreckte sie mit einem Mal auf und schaute ihn mit weit aufgerissenen Augen an:

„Es gibt ein Problem!",

rief sie hinunter, und er konnte den Schrecken in ihren Augen deutlich erkennen:

„Du, ich hab's vergessen: es gibt da doch noch ein richtig großes Problem!"

Sie legte ihre Stirn wieder in tiefe Falten:

„Das Schwein! Das Schwein ist doch auch noch da!"

Sie schwieg, weil er nichts sagte. Weil er allem Anschein nach schon wieder nicht verstand, was sie meinte:

„Ich weiß nicht, ob deine Freundin Schweine mag."

Er lachte:

„Natürlich mag sie Schweine, meine Dame! Natürlich! Weißt du denn nicht, daß Schweine Glück bringen?"

„Ja, ja! Das ist gut! Schweine bringen Glück. Und das kleine Schwein, bringt sogar ganz, ganz viel Glück!"

Die Welt war wieder in Ordnung. Und er entschied, wenn die Welt für dieses kleine thailändische Mädchen in Ordnung war, dann war die Welt auch tatsächlich in Ordnung.

„Du kannst jetzt mein Freund sein, wenn du willst",

sagte sie und lächelte mit vorgeschobener Unterlippe. Er überlegte noch einen Moment und sagte dann:

„Ich glaube, wir sind doch nun Bruder und Schwester, oder?"

„Das ist auch gut",

nickte sie heftig mit dem Kopf:

„Dann hab ich jetzt einen großen Bruder. Der kann auf mich aufpassen. Das wäre sogar ziemlich gut, weil ich das dann nicht immer selber machen muß!"

Und bei aller Freude erinnerte sie sich im gleichen Moment an ihre Mutter:

„Aber du kommst hier nicht rein, ja? Das habe ich meiner Mutter nämlich versprochen. Und sie ist doch stolz auf mich, weil sie sich auf mich verlassen kann."

„Kein Problem",

sagte er zu ihr,

„ich werde von hier unten winken."

„Ja, das ist prima",

antwortete sie ihm,

„und ich werde hier oben immer auf dich warten."

Der dritte Knopf

„Probleme, Probleme!",

ließ die Frau ihrem Unmut freien Lauf, als ihr Mann abends vom Dienst heimgekommen war.

„Probleme, Probleme – wie immer! Werde ich es mit diesem Mann nochmal erleben, daß das anders wird?"

Er hatte zwar damit gerechnet, daß es Ärger beim Heimkommen geben würde. Aber daß sie sich heute gleich derart aufregen würde, das hatte er nicht vermutet.

„Probleme, Probleme, jeden Tag andere! Was habe ich verbrochen, daß ich mit diesem Mann gestraft werde? Habe ich jemanden umgebracht?"

Sie schaute ihn nicht an.

„Ach, was heißt, einen umgebracht – meine Strafe, mein Leben mit diesem Mann zubringen zu müssen, ist so groß, als hätte ich gleich eine ganze Familie ausgerottet; ganz langsam und jeden einzeln und mit meinen eigenen Händen!"

Er wagte es nicht, sich zu bewegen, sondern blieb noch immer unmittelbar hinter der Küchentür stehen, an der er bereits vorhin schon beim Beichten seines Mißgeschicks gestanden hatte.

„Wie schön könnte mein Leben dann noch werden, wenn ich nur einen Einzigen umbringen würde – nämlich dich da! Nur einen Einzigen und nicht eine ganze Familie. Um wie viel geringer würde meine Strafe dann wohl ausfallen?"

Mit diesen Worten nahm sie ihn nun unmittelbar ins Visier und ließ für Momente nicht von ihm ab, indem sie immer wieder seinen Blick suchte:

„He? Um wie viel? Kannst du mir das sagen?"

Und nach einer kleinen Pause, in der er es noch immer nicht wagte, diese mit eigenen Worten zu füllen, setzte sie schließlich nach:

„Wahrscheinlich würde ich als Prinzessin leben – mindestens! Und in einem Palast würde ich leben, und Geld hätte ich auch noch, und jede Menge Personal, das etwas für mich tun würde. Hörst du? Für mich!"

„Auf Mord steht die Todesstrafe, Frau."

„Todesstrafe, Todesstrafe. Ja, mein lieber Mann, auf Mord schon."

Und sie schaute ihn wieder fest an:

„Auf Mord schon – auf Mord…",

und sie grinste. Und sie begann, ruhiger zu werden. Und damit erkannte der Mann seine Chance:

„Frau, mir fehlt doch bloß ein Knopf an meinem Hemd – mehr ist doch nicht."

„Hättest du doch besser geschwiegen, Mann: ‚Nur ein Knopf, nur ein Knopf'. Es ist nicht nur ein Knopf! Es ist ein Knopf an deinem Uniformhemd. Und dann auch noch ein goldener, du Dummkopf!"

„Das ist doch kein echtes Gold. Es sieht doch bloß aus wie richtiges Gold."

„Halt mich doch nicht für dumm, das weiß ich selbst! Glaubst du denn vielleicht, sie würden einen wie dich mit echten Goldknöpfen auf Wache schicken? Die kennen dich doch auch schon. Weil du aber auch so niemals auf dich aufpassen kannst. Das wissen die da doch auch schon. Würdest du nämlich auf dich aufpassen, dann wüßtest du, wenn dir ein Knopf abreißt. Und wenn du nur mal auf dich aufpassen würdest, dann würdest du nämlich sofort nach dem Knopf schauen. Kapiert?"

Ihre Wut gewann neuerlich an Fahrt:

„Nach dem Knopf schauen! Kapiert? Gleich! Ja? Das nennt man dann nämlich suchen. Und wenn man gleich sucht, dann findet man auch gleich. Verstanden? Denn so ein abgerissener Knopf kann nämlich nicht weglaufen. Mann! Auch klar?"

Sie schüttelte ihren Kopf und wollte damit gar nicht mehr aufhören:

„Hättest du auf dich aufgepaßt dann hättest du bemerkt, daß der Knopf abgerissen ist. Kapiert? Und hättest du auf dich aufgepaßt, dann hättest du ihn gleich gefunden. Hm, kapiert? Und hättest du auf dich aufgepaßt, dann hättest du mir den Knopf jetzt geben können. Auch kapiert? Und hättest du auf dich aufgepaßt, dann könnte ich dir den Knopf jetzt wieder annähen. Wieder kapiert? Und hättest du auf dich aufgepaßt, dann hätte ich jetzt keine Probleme mit dir! Hast du das endlich kapiert? Mann! Auf-ge-paßt!"

Sie starrte ihn mit weit aufgerissenen Augen an:

„Probleme! Probleme! Immer nur Probleme mit dir! Kapier endlich, daß dein Hemd fünf goldene Knöpfe braucht und du nur noch vier hast! Woher den fehlenden Knopf nehmen? Woher denn? Probleme! Probleme!"

Sie schwieg. Fünf Knopflöcher, aber nur noch vier goldene Knöpfe am Hemd der Wachmannsuniform ihres Mannes. Da konnte selbst sie nur noch schweigen.

„Probleme, Probleme",

dachte sie dann auch nur noch.

Und der Mann kannte seine Frau nach all den Jahren, die sie bereits zusammen unter einem Dach lebten, nur zu gut, um zu wissen, daß sie jetzt Ruhe geben würde. Er hatte gelernt, abzuwarten.

„Probleme, Probleme – ich löse meine Probleme immer alleine. Das bekommst du nur nicht mit.

Du weißt ja gar nicht, wie viele Probleme es da draußen gibt."

Er war der Mann. Und als Mann wußte er, daß es geschickt war, abzuwarten, wenn sie so außer Rand und Band geriet. Er war der Mann.

„Ein Leben als Wachmann ist mehr als nur sitzen und gucken. Es kann immer was passieren – und dann muß man da sein. Egal, ob in der ersten oder in der zwölften Stunde. Probleme müssen immer gelöst werden. Und ich löse meine Probleme immer selber."

Sie schaute ihn an – und ja, ihre Stirn legte sich bereits in Falten. Aber er wußte, daß sie schweigen würde. Und er wußte auch jeden einzelnen Gedanken, den sie jetzt dachte: *wie lange ist es her, daß du das Geld für die ganze Woche verloren hast? Sei froh, daß ich kochen kann. Und wie lange ist es her, daß du betrunken mit samt deiner Uniform in den Khlong⁶ gefallen bist? Du hast gestunken nach dem ganzen Dreck und ich habe drei Tage gebraucht, um dich wieder sauber zu kriegen. Und wie lang ist es her, daß du deinem Chef den falschen Finger gezeigt hast? Und läßt sich dabei auch noch erwischen – zwei Stunden hab ich gebeten und gebettelt, daß er dich noch weiterhin nimmt. Probleme, Probleme.*

Er war der Mann. Und er wußte, wann es besser war, sich nicht provozieren zu lassen: ein Blick war schließlich noch kein Wort. Und noch war das Hemd schließlich nicht repariert. Manchmal mußte man einfach still sein, wenn man sprach. Er war der Mann.

„Alle meine Probleme löse ich selber, Frau. Du bekommst es nur nicht mit, weil du dir darum keine Sorgen machen sollst."

Er schaute sie nicht an.

„Aber wenn ich mal so ein richtiges Problem habe, dann gehe ich damit zu dir, denn ich weiß, daß du das wirklich kannst. Alle die anderen Dinger, die mache ich doch ganz allein, so nebenbei und ohne viele Worte."

Da war er wieder. Oh, wie sie ihn kannte. Das hatte er schon damals so gemacht, damals als er noch ein junger Kerl war. So richtig gut hat er ausgeschaut, damals. Und alle waren sie verrückt nach ihm, und alle wollten ihn haben – aber nur sie hatte ihn schließlich gekriegt – das heißt: für immer gekriegt und nicht nur mal so eben und für den ganzen Ärger hinterher. Bei ihr war er geblieben. Aber für dieses Problem hier hatte auch sie keine Lösung. Sie würde noch ein wenig Zeit schinden müssen:

„Geh mir aus den Augen mit deinen ständigen Problemen. Ich bin es so leid, Mann. Und laß das verdammte Hemd hier, damit ich dich wieder retten kann."

„Ich wußte, daß du mir hilfst, Frau."

„Ich kann dir nicht helfen – wie soll ich dir denn helfen? Kapier, daß dein Hemd fünf goldene Knöpfe braucht, du aber nur vier Stück davon hast. Und das nur deshalb, weil du – hörst du, weil du einen verloren hast."

Der Mann zog sein Hemd aus und legte es mit dem Wissen über den Küchenstuhl, daß er es morgen wieder zum Dienst würde anziehen können. Sie sah das Hemd dort, wie es jetzt über dem Stuhl hing und auch sie dort in der Küche anschaute.

„Ich gehe jetzt schlafen, Frau."

„Das ist gut, dann kannst du heute wenigstens keine Probleme mehr machen."

Und er drehte sich um, nachdem er noch einmal ihren Blick gesucht hatte, um dann die Küche zu verlassen, in der die Frau und auch das Hemd zurückblieben.

II.

Es war still geworden in der Küche, nachdem er gegangen war. Und in all der Ruhe glaubte sie manchmal zu hören, wie das Hemd mit ihr zu sprechen begann. Es erzählte ihr Vieles und noch viel mehr über ihn, aber es sagte ihr nicht, wie dieses Problem hier in der Küche jetzt endlich zu lösen wäre. Sie konnte es drehen wie sie wollte: vier waren vier, und daraus ließen sich einfach keine fünf machen. Sollte er sich doch das Donnerwetter von seinem Chef anhören. Vielleicht würde das mal etwas ändern. Denn sein Chef ließ sich nicht so viel gefallen wie sie. Der mußte ja auch keine Probleme für ihn lösen. Der würde einfach sagen:

„Zieh das Hemd aus, Dummkopf!"

Und er mußte dann das Hemd ausziehen – und würde nackt vor seinem Chef stehen, denn Hose und Schuhe müßte er ja auch noch dalassen.

„Jetzt verschwinde und laß dich hier bei uns nicht mehr blicken. Du bist keiner mehr von uns – hast du das verstanden?"

Und dann müßte er nackt durch die Straßen wieder heimlaufen. Und alle würden ihn sehen mit seiner alten Unterhose.

Und alle würden sich auf dem Markt dann aber auch das Maul über sie zerreißen. Und sie bekäme nur noch die alten Sachen verkauft, die keiner mehr haben will. Und sie könnte sich noch nicht mal darüber beschweren, so schlecht behandelt zu werden. Die Leute hätten dann ja sogar recht.

Und dann müßte sie wieder zu seinem Chef rennen und versuchen, ihn zu retten. Und der Chef würde sie warten lassen, und er würde sie sogar sehr lange warten lassen, weil es nicht das erste Mal wäre, daß sie hier vor seiner Tür säße.

Und wenn sie endlich reingelassen würde, dann müßte sie freundlich zu ihm sein, dürfte ihn da hinter seinem Schreibtisch noch nicht mal richtig anschauen. Und er würde wieder „Du" zu ihr sagen und sie auch nicht anschauen – aber das wäre ja was ganz anderes.

„Was willst du schon wieder von mir?",

würde er fragen, und sie müßte lügen und lügen und lügen. So viel gutes Licht gab es gar nicht, in das sie ihn stellen müßte. Und er würde wissen, daß sie log, und es würde ihr nichts helfen, wenn sie noch mehr lügen würde, denn auch das würde er merken. Sie müßte dann schon schlauer vorgehen, wenn sie auch weiterhin jede Woche sein Geld für den Markt haben wollte.

„Wenn sie mir das Hemd geben würden",

würde sie dann zum Beispiel sagen,

„wenn sie mir das Hemd geben würden, dann könnte ich den Knopf wieder annähen, wenn sie so freundlich wären und mir auch noch so einen Knopf geben würden. Den würden wir dann natürlich nächste Woche bezahlen."

Sie würde einen Moment schweigen, damit der Chef Zeit zum Nachdenken hätte. Und wenn er dann noch immer nichts sagte, würde sie ihm noch ein wenig mehr helfen:

„Dann könnte sich mein Mann das Hemd wieder anziehen – und alles wäre wieder wie vorher: der Mann hätte wieder ein heiles Hemd und er, der Chef, hätte keine zusätzlichen Kosten, weil sie ja den Knopf bezahlt und diesen auch wieder selbst angenäht hätte. Dann wäre doch alles wieder gut."

Das wäre keine schlechte Idee, dachte sie sich in ihrer Küche, und doch hatte die Sache nur einen ganz blöden Haken: sie war sich überhaupt nicht sicher, ob der Chef sie dann nicht vielleicht genau wie ihren Mann auch aus seinen Büro schmeißen würde. Dann würde es tatsächlich keine zweite Chance mehr geben. Das Risiko wäre zu groß. Und deshalb müßte es eine bessere Lösung geben. Aber sie wußte auch, daß die Lösung dieses Problems heute Nacht schon längst nicht mehr hier in ihrer Küche liegen würde.

Sie löschte das Licht und ließ ihren Blick wie jeden Abend vor dem Schlafengehen noch einmal von der Tür aus durch ihr gesamtes Reich wandern: alles war sauber, alles hatte seine Ordnung – bis auf dieses verdammte Hemd dort über dem Küchenstuhl.

Es ist gut, dachte sie beim Hinlegen, daß sie und das Hemd nun für die nächsten Stunden in zwei verschiedenen Räumen sein würden. So konnte sich jeder vom anderen ein wenig erholen, sich ausruhen, und am neuen Morgen könnte es dann bestimmt auf ausgeruhte und frische Art und Weise zu einem Wiedersehen kommen: dann würde es sicher auch gleich ganz von allein zu einer Lösung dieses Problems kommen.

„Ist mein Hemd fertig, Frau?“,

fragte er, ohne seine Augen zu öffnen.

Das durfte jetzt nicht wirklich wahr sein. Träumte sie vielleicht schon? Aber sie war ja noch gar nicht eingeschlafen. Sie krallte ihre Hände in die Bettdecke und fauchte:

„Wer hat dir denn überhaupt erlaubt, mit mir zu reden? Jetzt? Hier? Mitten in der Nacht? Im Bett?"

Das sollte reichen, um ihn in seine Schranken verwiesen zu haben.

„Ich bin dein Ehemann, Frau!"

Das war ja wirklich ungeheuerlich!

„Was bist du? Mein Mann? Mein Ehemann? Du bist mein Problem, Mensch – und jetzt auch noch hier mitten in der Nacht! Laß mich in Ruhe, daß ich mich wenigstens jetzt von dir erholen kann!"

Und weil sie die Bettdecke noch immer nicht losließ, und weil sie sich allem Anschein nach auch nicht zur Seite drehen wollte, so tat er dieses und zog seine Hand hoch bis unter das Kinn, sodaß sein Kopf gestützt wurde: morgen würde die Welt schon wieder anders aussehen, dessen war er sich vollkommen sicher und war alsbald neuerlich eingeschlafen.

„Ob das Hemd denn schon fertig sei",

klang es in ihr nach. Er hatte es tatsächlich geschafft, dieses verdammte, kaputte Hemd jetzt zu ihr hier ins Bett zu legen. Nun wäre es unmöglich, sich für ein paar Stunden voneinander zu erholen, um morgen einen neuerlichen Anlauf unternehmen zu können. Das Hemd war hier – und sie war es auch; unmöglich, daß einer von beiden den Raum und damit die Enge des Bettes verließ.

Sie drehte sich von einer Seite zur anderen, und hatte sie die eine Seite erreicht, sah sie deutlich vier Knöpfe vor sich, alle aus Gold und mit dem Wappen der Wachfirma obendrauf. Dann drehte sie sich auf die andere Seite, um die Knöpfe loszuwerden und tauschte diese doch nur gegen fünf Knopflöcher ein, wobei das dritte stets offen blieb, so oft sie die Reihe auch kontrollierte – egal, ob sie von oben zu zählen begann, oder unten anfing. Vor diesen Knopflöchern ließ sich nur dann fliehen, wenn sie sich schnell wieder auf die andere Seite drehte. Aber bevor sie dort schon wieder auf die vier Knöpfe traf – immer nur auf vier, nicht ein einziges Mal auf fünf! – führte sie ihr Weg noch am Hemd vorbei, das oben an der Decke hing, genau über ihrem Kopf und drohte, von dort oben auf sie herabzustürzen.

„Jetzt lieg doch endlich mal still, Frau, da kann ja keiner schlafen, wenn du so eine Unruhe machst!"

„Wer macht denn hier Probleme, Mann? Das bist doch wohl du! Erst schleppst du das kaputte Hemd an, und jetzt kannst du noch nicht mal dein dummes Mundwerk halten – mitten in der Nacht! Gib Ruhe, sonst – sonst reiß ich dir die anderen Knöpfe auch noch von deinem Hemd, damit du auch mal ein paar Probleme hast!", woraufhin sie ihn mit dem Ellenbogen in die Flanke stieß und er sich auf die Seite drehte und schwieg.

„Ja!"

Sie grinste. Und dann lächelte sie.

„Ja!"

Gerade hatte sie doch die Lösung selbst ausgesprochen!

„Tatsächlich!"

Sie kuschelte sich in die Decke: es war doch so einfach gewesen! Warum war sie denn nicht schon vorher darauf gekommen? Sie genoß das gute Gefühl und weniger die Lösung des Problems an sich, die sie gerade gefunden hatte. Sie genoß das gute Gefühl, die Welt ihres Mannes ein weiteres Mal gerettet zu haben. Hatte man eine Lösung für ein Problem erst einmal gefunden, dann konnte die Umsetzung durchaus auch noch ein wenig warten. Morgen war auch noch ein Tag, und jetzt war es mitten in der Nacht: Zeit, für erholsamen Schlaf!

III.

„Ist mein Hemd fertig?",

fragte er, als er morgens in die Küche kam. Sie wies mit ihrem Blick lediglich auf seinen Stuhl am Tisch, über welchem das Hemd noch immer genauso hing, wie er es dort gestern Abend hingehängt hatte.

„Wie soll ich denn jetzt mit dem kaputten Hemd in den Dienst gehen, Frau!"

„Gar nicht!"

„Aber wenn ich gar nicht gehe, dann verliere ich doch meine Arbeit."

„Richtig, Mann, und wir haben nichts zum Essen! So wie immer: Probleme, nur Probleme mit dir!"

Die Situation überforderte ihn, sodaß ihm nur eine einzige Frage blieb, auf die er sich zwar einerseits nichts sehnlicher als eine Antwort wünschte – sich auf der anderen Seite aber auch rein gar nichts vorstellen konnte, was sich auf diese Frage antworten ließ. Hilflos schaute er seine Frau an:

„Was sollen wir den jetzt machen, Frau?"

„Frühstücken! Kapiert? Frühstücken, was denn sonst? Wir frühstücken doch jeden Morgen, oder vielleicht nicht? Das kann doch nicht sein, daß du über Nacht auch noch das letzte bisschen Verstand verloren hast."

Und nach einer kurzen Pause schickte sie hinterher:

„Aber bei dir ist ja alles möglich – Probleme, einfach nur Probleme!"

Und sie stellte ihm seine Schüssel mit der Suppe an seinen Platz und nahm im gleichen Atemzug das Hemd vom Stuhl und drehte sich zum Schrank, um dort die lange Schere herauszunehmen. Der Mann schaute sie entsetzt an:

„Aber Frau!"

Doch sie grinste ihn nur an und führte die lange Schere ganz langsam gegen ihren Bauch, sodaß er im gleichen Moment von seinem Platz aufsprang und den Stuhl mit Wucht nach hinten stieß, um sich schließlich in Windeseile vor seiner Frau aufzubauen:

„Aber Frau! Nicht doch!"

„Ach laß mich doch endlich in Ruhe, Mann. Immer machst du nur Probleme, immer nur Probleme – wer soll das denn auf Dauer aushalten? Geh mir doch endlich aus dem Weg, sonst erwischt es am Ende noch dich!"

„Frau - nicht!",

rief er wie von Sinnen,

„nicht Frau! Doch nicht wegen so einem blöden Knopf! Hör doch endlich auf!"

Aber da war es schon zu spät: mit ihrem linken Ellenbogen stieß sie ihn gekonnt zur Seite, sodaß er sich seinen Bauch halten mußte, um dann schließlich in aller Seelenruhe an ihrem eigenen Hemd den untersten Knopf sauber abzuschneiden.

„Mensch, bist du blöd, Mann!",

rief sie zu ihm entgegen, der vor Schreck noch immer den Mund offen hatte und nicht wußte, wie ihm geschah. Ebenso gekonnt, wie sie den Knopf am eigenen Hemd abgeschnitten hatte, schnitt sie nun auch noch den untersten goldenen Knopf am Hemd ihres Mannes ab.

„Schau her, damit du was lernst: aus dem fünften mach ich jetzt einfach den dritten. Und meinen schwarzen Knopf nähe ich jetzt an die fünfte Stelle von deinem Hemd. Hast du das kapiert?"

Und sie schaute ihn fragend an, ohne von ihm wirklich eine Antwort zu erwarteten.

„Den fünften Knopf, den trägst du doch in der Hose, also fällt das doch gar nicht auf."

Mit einer Mischung aus bösem Blick und heimlichem Triumph schickte sie ihn mit einem kurzen Nicken zurück zu seiner Suppe. Er gehorchte erschöpft, stellte den Stuhl wieder hin und löffelte schweigend, während seine Frau damit begann, den Knopf unten am Hemd anzunähen.

„Den fünften Knopf sieht doch keiner",

sagte er leise vor sich hin und schüttelte dabei nachdenklich seinen Kopf.

„Richtig, mein Lieber, da unten schaut bei dir sowieso schon lange keiner mehr richtig hin."

Und er wagte es nicht, von seiner Suppe aufzuschauen, sondern grinste nur ein wenig verlegen.

„Und iß nicht die ganze Suppe auf, Mann! Sonst platzt dir nur noch ein Knopf ab – nochmal geht diese Geschichte nämlich nicht!"

Er legte den Löffel zur Seite und schaute sie an:
„Danke, Frau."

„Ach, was heißt hier ‚Danke‘, Mann? Mach keine Probleme, dann muß ich mir dein ‚Danke‘ auch nicht anhören – kapiert?"

Dabei schaute sie ihn böse an:

„Ach, was frag ich dich überhaupt? Wahrscheinlich hat's dazu schon wieder nicht gereicht bei dir. Probleme, immer nur Probleme mit dir!"

Der Tee der Oma

Ja, er hatte zu viel getrunken, aber er hatte auch nicht aufhören können, zu trinken, denn zu gut war der Tee gewesen - so wie immer. Und so wie immer ist er auch ein um das andere Mal wieder in die Küche zurückgegangen, um sich noch ein weiteres Mal Tee aus der großen Kanne, die unmittelbar neben der Kochstelle stand, einzuschenken und die ersten beiden Schlucke gleich an Ort und Stelle zu trinken. Aber kaum war er wieder draußen auf der Veranda und hatte dort noch keine zwei Minuten gesessen, da war die Tasse auch schon wieder leer, und er ging zurück in die Küche, zur Kochstelle, zur Kanne und schenkte sich erneut ein. Der Tee, so wie er aus der Kanne in die Tasse floß, hatte sein ganz eigenes Geräusch: dunkel und voll. Die Schaumkrone, die sich in der Mitte der Tasse drehte, hatte ihre ganz eigene Farbe: eine Mischung aus Grau, das sich hinüberdrehte in ein helles Braun, wie es nirgendwo wärmer zu strahlen in der Lage war, als hier in einer der Tassen seiner Großmutter.

Er war bereits zweimal in die Küche zurückgegangen, obgleich er schon nach der ersten Tasse das Haus der Oma in dem kleinen Dorf auf der anderen Seite des Waldes verlassen wollte, um zurück zu den Eltern in die Stadt zu gehen, die kaum eine halbe Stunde zu Fuß entfernt lag. Er hatte vorgehabt, rechtzeitig aufzubrechen, denn er wollte noch heimkommen, bevor es dunkel werden würde, denn er liebte es nicht, im Dunkeln unterwegs zu sein - und gleich gar nicht so ganz alleine. Würde er jedoch den ersten Teil des Weges rennen, was bergab sogar die reine Freude wäre, dann würde er die Zeit für den Tee schnell wieder reingeholt haben. Und würde er sogar schnell rennen, dann wäre jetzt tatsächlich auch noch Zeit für eine dritte Tasse Tee. Und – wie sollte es anders sein - es würde auch nicht bei dieser Tasse bleiben, sodaß er schließlich ein viertes Mal zur Kochstelle ging und sich nun auch noch den Rest aus der Kanne einschenkte. Diese letzte Tasse trank er gleich in der Küche und stellte Tasse und Kanne ordentlich zur Seite, damit seine Oma gleich wüßte, daß der Tee alle sei und sie neuen aufbrühen müßte. Sicherlich würde sie bei dieser Entdeckung mit einem leichten Lächeln an ihn denken und ihm einen kleinen Gruß hinterher auf seinen Weg senden – ihm, der jetzt nicht mehr nur schnell rannte, sondern sogar sehr schnell.

Der Tee war nicht nur gut, dieser Tee war einmalig, denn es war der Tee seiner Oma, den es sonst nirgendwo auf der Welt ein zweites Mal geben würde. Den Tee nicht, und auch die Oma nicht, nicht ihr Haus und auch nicht ihr Dorf, in dem sie schon immer wohnte und in das er schon Zeit seines Lebens gekommen war. Früher zusammen mit den Eltern und jetzt, da alle wußten, daß er den Weg alleine fand und unterwegs keinen Unsinn anstellte, auch allein. Immer wieder zog es ihn zu ihr und in ihr Dorf, wenn ihm die Stadt mit ihren unzähligen Häusern und Straßen zu eng wurde. Das Dorf hatte nur eine einzige Straße, und man kannte jedes Haus im Dorf und mit diesen auch alle, die in ihnen lebten. Sie alle waren das Dorf, das war seit jeher so, auch wenn schon immer Menschen – meistens die jungen – in die Stadt oder sogar in die ganz große Stadt gingen, die drei, vier Stunden mit dem Auto entfernt war. Sie alle kamen immer wieder zurück, sei es auch nur zu Loy Krathong[7] und zu Songkran[8] oder vielleicht auch nur zu einem Fest von beiden oder auch nur alle paar Jahre einmal, oder auch nur dann, wenn einer von ihnen gestorben war – zurück kam jeder, früher oder später. Die Stadt war etwas zum Arbeiten, etwas, um Geld zu verdienen, das man dann nur zu gerne wieder in das Dorf brachte, dorthin, wohin es gehörte, wo es seinen wahren Gegenwert offenbarte – fern ab von aller Schwere, von allem Leiden und von allem Heimweh. Die Stadt war fern, das Dorf aber war immer die Mitte.

Und das alles galt auch für ihn, für den Jungen, der niemals in dem Dorf gewohnt hatte – ganz anders als die anderen Kinder dort, die fast alle bei ihren Großeltern aufwuchsen. Er hatte immer bei seinen Eltern in der Stadt gelebt, und stets hatte es beide für ihn gegeben: Vater und Mutter. In dieser Einheit der Eltern, in ihrer Liebe zueinander, waren sie dem Jungen das Dorf und lehrten ihn die Liebe. Und diese Liebe trug er in das Dorf seiner Oma, wenn er sie allein besuchte und war dabei, ohne es überhaupt auch nur zu erahnen, das Band zwischen den Generationen, der Träger der Liebe, der Tradition und gleichzeitig der Zukunft.

Beim Rennen bergab hatte er gemerkt, daß er doch wenigstens die vierte Tasse Tee nicht hätte trinken dürfen, denn der Tee schwappte bei jedem Schritt in seinem Bauch, drückte gegen die Magenwände und gegen die Bauchdecke, sodaß ihm das Rennen heute gar keine Freude bereitete. Doch er hatte ein Ziel, und dieses Ziel ließ ihn den Schmerz vergessen und mehr noch: stärker und schneller sein als aller Druck, als alles Hin- und Herschwappen in seinem Innern. Und tatsächlich hatte er heute das Gefühl, sogar schneller zu rennen als sonst, fast so, als wollte er seinem Innern trotzen: setzte man sich ein Ziel, dann war man in der Lage, stärker - und heute sozusagen schneller zu sein als man selbst. Mit solchen und ähnlichen Gedanken legte er sich mit aller Macht in die Kurven des Weges und trotzte nicht nur seinem Innern, sondern auch dem Weg, und rang ihm dabei Meter um Meter ab. Gleich würde er den anderen Rand des Waldes erreicht haben, und die Stadt würde wieder vor ihm liegen. Dann würde es für eine Weile auch wieder heller sein, denn der Wald verdeckte nicht mehr die Sonne, sodaß sie die Ebene mit der Stadt ungehindert ausleuchten konnte.

Tatsächlich ließ er schon bald die Bäume hinter sich und rannte Richtung Stadt, was sein Körper auch immer hergab. Doch wurde diese Freude mit jedem Meter, mit dem er sich der Stadt näherte und somit den Schutz des Waldes hinter sich ließ, getrübt nicht etwa dadurch, daß die Schmerzen in seinem Bauch zunahmen, sondern eher noch dadurch, daß sich diese weiter nach unten verlagerten: ihn stach ein starker Harndrang zwischen seinen Beinen, die noch immer fast wie von alleine der Stadt entgegenrannten.

Nein, er wollte jetzt hier nicht stoppen, wollte es bis nach Hause schaffen und dort dann sofort zur Toilette rennen, schließlich war der Weg nicht mehr weit und er kein kleines Kind mehr, das nicht an sich zu halten wußte. Würde der Drang zu stark, der Schmerz zu heftig werden, dann wollte er an die Oma denken, an ihr Haus und an das Dorf – dann würde es schon gehen, dann würde er sich schon getragen wissen in seiner Bedrängnis.

Kaum, daß er sich diese Strategie zurecht gelegt hatte, stellte er sich auch schon die große Teedose in der Küche der Oma vor – an die Kanne mit dem fertigen Tee wollte er ob seines Dranges lieber nicht denken. Oft hatte er sich schon als ganz kleiner Junge – damals, denn nun ging er schließlich bereits zur Schule – vor das Regal gestellt, auf dem oben die metallene Dose stand. Sie hatte eine gelbliche Farbe, aber war auch nicht richtig gelb, weil sie schon so abgegriffen war und an einigen Stellen auch bereits anlief. Die Schrift darauf – einstmals in tief dunklem Schwarz – begann ebenfalls schon abzubröckeln oder an einigen Stellen zu verblassen. Deutlich aber war noch immer zu erkennen, daß es keine thailändischen Schriftzeichen waren, die dort langsam verblichen. Und auf seine Frage, worum es sich denn da auf der Dose handle, bekam er zur Antwort, daß das Englisch sei. Und was bedeuteten die Zeichen dort? Den Namen, da würde der Name stehen, kam es schnell. Ein Name, so lang, aus so vielen Buchstaben und mit Lücken dazwischen. Und wie er denn lautete? Na, das sei doch wohl klar – typische Kinderfrage: Englisch-Tee! Natürlich - darauf hätte er eigentlich auch selbst kommen können: Tee in schwarzen, englischen Buchstaben und Wörtern konnte schließlich nur Englisch-Tee heißen – irgendwann würde er solche Dinge auch wissen.

Die Teedose dort oben auf dem Regal wies noch eine weitere Besonderheit auf: diese Dose wurde niemals, aber auch wirklich niemals leer. In dieser Dose befand sich immer, tatsächlich immer Tee. Und niemals, ehrlich noch niemals in seinem ganzen Leben hatte er gesehen, wie seine Oma oder sonst irgendjemand aus der Familie etwas in diese Teedose hineingefüllt hätte. Aber ständig, manchmal bis zu viermal am Tag, wurde aus dieser Dose Tee entnommen. Ja, es war wirklich eine besondere Dose. Und nicht nur, weil die Dose weit oben im obersten Regal stand, an das er nicht reichte, hatte er die Dose noch niemals in seinem Leben berührt. Selbst dann, wenn sie einmal auf dem Tisch stehen würde und er allein in der Küche wäre, würde er es nicht wirklich wagen, diese Dose auch nur mit einem Finger zu berühren. Nein, das hatte nichts mit Angst zu tun, wirklich nicht, denn er würde die Dose sehr wohl anfassen, wenn er einmal groß sein würde – also richtig erwachsen – dann würde er sogar die Dose aus dem Regal heben und öffnen, hineinschauen und natürlich sogar auch Tee herausnehmen, um welchen für die gesamte Familie aufzusetzen.

Diese Gedanken waren notwendig, denn der Harndrang wuchs stetig an und mit diesem der Schmerz ganz unten in seinem Bauch. Er lief jetzt bereits durch die ersten Straßen der Stadt, und hier gab es jetzt keinen Schutz mehr, um sich schnell einmal zu entleeren. Es war so dumm von ihm gewesen, nicht doch kurz im Wald angehalten zu haben, um sich für den Rest des Weges Erleichterung zu verschaffen. Hier waren überall Häuser und Menschen auf den Straßen, denn er war mittlerweile schon fast in der Mitte der Stadt, noch einen Straßenzug weiter, und er hätte den Markt erreicht und mit diesem auch den Wat[9] der Stadt.

In seiner doch so vertrauten Heimatstadt war dem Jungen auf einmal in seiner drängenden Pein alles so fremd und so unbekannt, sodaß ihm jeglicher Schutz verwehrt blieb, der doch in diesen Augenblicken der Bedürftigkeit so notwendig gewesen wäre. Und doch, gerade als er den nächsten Straßenzug geschafft hatte, sollte sich ihm beim Anblick der Tempelmauer gerade doch etwas von diesem Schutz offenbaren: der Wat war nicht nur ein Ort des Respekts, sondern auch ein Ort des Schutzes und der Heimat, ein Ort, an welchem jeder Mensch in aller Versunkenheit ganz er selbst sein konnte, indem er sich Buddha offenbarte und eine jede Seite seiner selbst darbot – so bestimmt oder so unbestimmt sie auch immer sein mochte.

Diese Mauer des Tempels war der Ort seiner Rettung, und je klarer ihm diese Option wurde, desto klarer wurde ebenfalls, daß er es nicht mehr bis nach Hause schaffen würde, denn allein schon der Gedanke an die Erleichterung ließ den Drang nur immer mächtiger werden, sodaß an ein Halten nun überhaupt nicht mehr zu denken war und er schon auf den letzten Schritten zur Mauer hin seine Hose öffnete und die Erleichterung ihm durch den ganzen Körper strömte, als er spürte, daß ihn das Wasser endlich verließ.

Aber kaum, daß er sich je auch nur einen wirklichen Moment diesem Gefühl der Erleichterung hätte hingeben können, sah er schon, daß im Abendlicht der Sonne auf der Tempelmauer ein Schatten schnellen Schrittes in seine Richtung eilte, um sich fast auf gleicher Höhe mit ihm in eben diese zu strecken, als er auch schon den Schlag im Nacken spürte, dem er – noch immer wasserlassend mit offener Hose – durch einen Schwung zur linken Seite auszuweichen versuchte: und schon wieder begann er zu laufen, mit offener Hose, nur nicht mehr irgendwohin, zu einem Ziel, heim, sondern nur noch weg, weg von diesem Schlag und weg von dieser Konfrontation: Flucht, abermals auf der Suche nach Schutz.

„Du Schmutzfink, dir werde ich helfen!",

drohte es hinter ihm her. Und erst als er gewahr wurde, daß die Stimme hinter ihm an Kraft und

Lautstärke verlor, da wußte er, daß ihm seine Flucht zu gelingen schien. Da fand er sich schon ein ganzes Stück weit entfernt auf der großen Brache zwei Straßen weiter wieder und bemerkte, noch immer atemlos vom Rennen, daß eines seiner Hosenbeine naß war vom eigenen Urin: große, dunkle Flecken waren deutlich zu erkennen.

So konnte er nicht nach Hause kommen – was sollte er denn sagen, was geschehen wäre? Sollte er sagen, daß er sich an der Mauer des Wat erleichtert hätte? Sollte er sagen, daß er bei der Oma kein Maß gefunden hatte und den Tee bis auf den letzten Tropfen – und zwar allein! – ausgetrunken hatte? Das alles war nicht zu erzählen, war nicht zu gestehen - war nicht einmal sich selbst einzugestehen. In dieser ausweglosen Situation gab es nur eine einzige Lösung, wenn auch nur eine für die Zukunft, um ein solches Malheur nicht ein zweites Mal entstehen zu lassen: niemals mehr Tee trinken, niemals mehr von dem Tee der Oma trinken – dann konnte das, was heute geschehen war, sich nicht ein weiteres Mal wiederholen: niemals mehr den Tee der Oma trinken!

Und kaum, daß er diesen Gedanken zu Ende gedacht hatte, da wußte er auch schon, daß es unmöglich wäre, jemals auf diesen Tee zu verzichten – und ja: exakt in diesem Augenblick aus Angst, Pein und Hitze wünschte sich der

Junge nichts sehnlicher, als eben eine große Tasse von genau diesem Tee seiner Oma. Nichts half so sehr gegen die Hitze, wie dieser Tee, ebenfalls heiß, sodaß man ihn nur in kleinen Schlucken trinken konnte. Nichts beruhigte mehr in Augenblicken der Angst, als genau dieser Tee, auf den man sich gänzlich konzentrieren mußte, wollte man sich nicht Lippen und Zunge verbrennen, sodaß man Vieles um sich herum in diesen Momenten einfach vergessen mußte. Und nichts half mehr in Augenblicken der Pein, als genau diesen Tee zu trinken, in dessen tiefem Braun man seinen Blick versenken konnte, bis die Ruhe in die Tasse zurückgekehrt war und man im Spiegelbild des Tees es langsam wieder wagen konnte, den Blick in die eigenen Augen zu legen und zurück in die Welt zu finden.

So etwas brauchte er jetzt – diesen Tee brauchte er jetzt, um seine Welt wieder ins Gleichgewicht bringen zu können. Denn je länger er in der untergehende Sonne auf der Brache zubrachte, desto mehr spürte er, daß es nicht die Hose war, die schmutzig geworden war, denn diese begann bereits in der Sonne zu trocknen, und er hoffte inständig, daß sie nach vollständigem Trockenen nicht zu riechen beginnen würde und ihn auf diese Weise verriete. Er selbst war schmutzig und wollte doch kein Schmutzfink sein, wie die Frau, die er beim Weggucken noch aus den Augenwinkeln heraus gesehen hatte, hinter ihm her gerufen hatte: weder dieser Frau gegenüber, noch seiner Familie gegenüber und auch nicht gegenüber sich selbst. Am allerwenigsten aber wollte er ein Schmutzfink Buddha gegenüber sein, an dessen Haus er gerade uriniert hatte: verschwunden war mit einem Mal die Verabredung die er Momente zuvor auf dem Höhepunkt seines Drucks noch mit ihm getroffen hatte. Geblieben war Scham, die zu tilgen nur möglich sein würde, ginge er selbst zu Buddha und würde diesen um Verzeihung bitten – wie immer dieses auch geschehen könnte; er wußte es nicht.

Es war nicht das erste Mal, daß er den Wat aufsuchte, aber das erste Mal, daß er es alleine tat. Mehr als nur einmal hatte er seine Mutter begleitet, wenn diese in den Tempel ging. Manches Mal waren sie auch zu dritt gewesen, er dann – ganz sicher und auch glücklich – zwischen Mutter und Vater, die ihn gleichzeitig an die Hand nahmen und diese erst wieder losließen, als er sich die Schuhe ausziehen mußte, nachdem sie die Stufen zum Bot[10] hinaufgestiegen waren. Und von dem Moment an nahmen sie seine Hände auch nicht wieder, bis sie sich später die Schuhe erneut anzogen: vor Buddha trat man alleine, jeder für sich, auch wenn man zusammen war. Insofern verspürte der Junge sogar schon so etwas wie Übung, als er nun allein vor Buddha trat, sich dreimal tief mit einem Wai vor diesem

verbeugte, um dann schweigend zu ihm nach
oben zu schauen und – ja, und was? Was sollte er
nun tun? Er wußte es nicht, vollzog aus lauter
Unwissenheit noch einmal drei tiefe
Verbeugungen, um auch diese noch ein weiteres
Mal zu wiederholen, da die Zahl drei wohl eine
besondere hier im Wat sein mußte. Er hatte das
Gefühl, nichts falsch gemacht zu haben und
kniete nun dort auf dem roten Teppich und wurde
immer ruhiger, als er dem Buddha auf die
goldene Brust schaute. Nur ganz selten wagte er
einen kurzen Blick auf dessen Gesicht und auch
nicht direkt in dessen Augen und ließ seinen
Blick dann gleich wieder auf die Brust fallen, da
er spürte, wie seine Ruhe umgehend schwand,
wenn er den Blick hob und wie sich sein Atem
dann sofort wieder beruhigte, wenn er seinen
Blick erneut auf der Brust des Buddha ruhen
ließ.

Nein, der Tempel war ihm nicht unbekannt, und
doch war er nicht in der Lage, diesen zu erklären.
Aber er konnte den Tempel fühlen, nicht nur mit
dem Herzen, sondern mit seinem gesamten
Körper: beim Atmen, mit der Nase, wenn er ihn
roch und mit jedem Atemzug tief in sich
aufzunehmen versuchte. Dann wurde der Wat
und er eins und es schien ihm dadurch zu
gelingen, näher an den Buddha heranzurücken,
sodaß dieser in ihn, in den kleinen Jungen,
hinein hören konnte und verstand, was ihn

plagte: ich will gut sein – und ich wollte auch vorhin nicht schlecht sein. Und wenn ich noch ein wenig größer bin, werde auch ich für eine Zeit zu dir kommen, werde die Robe tragen, fleißig lernen und gemeinsam mit allen anderen zusammen meditieren. Und ich werde keine Angst haben, wenn sie mir das Messer an den Kopf legen und mir diesen kahl scheren werden. Und wenn es wehtut, wird keiner etwas von mir hören, ich werde schlucken und je fester ich schlucke, umso mehr Tränen werde ich hinunterschlucken, sodaß keine einzige aus meinen Augen tritt und mir über das Gesicht läuft. Ich werde hier sein, und ich weiß noch nicht wie lange, denn darüber haben wir zuhause noch nicht gesprochen. Und ich werde alles dafür tun, daß meine Eltern stolz auf mich sein werden, wenn ich, ihr Sohn, ihnen Gutes tun werde; so dankbar will ich sein: denn ich will gut sein.

Ich wollte auch vorhin nicht schlecht sein, holte es ihn zurück aus seinen Gedanken und brachte ihn erneut vor den Buddha, den er um Verzeihung bitten wollte und doch nicht wußte wie es ging. Er spürte, daß seine Hose noch nicht gänzlich getrocknet war, sie klebte noch immer an seinen Beinen, die er fest auf den Boden drückte, um den Druck zu spüren und dadurch die Feuchtigkeit zu vergessen. Und der Buddha schaute von oben auf ihn herunter, das spürte er ganz deutlich, auch wenn er ihm nicht ins

Gesicht sah. Und es begann, sich um ihn herum zu drehen, je mehr er sich konzentrierte und mit geschlossenen Augen nach der Antwort auf seine Frage suchte: der Tee der Oma, die Hitze, der Schlag der alten Frau, sein Rennen und der starke Drang, der in seinem Unterleib schmerzte und wieder der Schlag und der Ruf hinter ihm, sein neuerliches Rennen, das Davon-Rennen, die nasse Hose und jetzt der Buddha über ihm, spürte das Messer, wie es langsam in Schüben von den Großen, die ihre Robe bereits trugen, über sein Haupt gezogen wurde, sodaß es knirschte in seinem Kopf, und er schluckte und schluckte, mit einem Mal der heiße Tee in seinem Hals schmerzte, zu spät, um ihn ausspucken zu können, da half nur rennen und rennen, aber nicht stolpern, damit der Druck in seinem Bauch nicht anwuchs und er sich schon im Laufen auf dem Waldweg entleeren würde, und wieder zog er beim Schlag der alten Frau den Kopf zwischen seine Schultern und versuchte eine Drehung zu vollziehen, sodaß er gerade noch spürte, wie er drohte auf dem roten Teppich unter dem Buddha zu fallen und sich im letzten Augenblick noch mit dem Arm abzustützen verstand, sodaß niemand im Tempel auffiel, daß er sich schon wieder nicht entsprechend zu verhalten wußte und sich ein weiteres Mal an diesem Ort unschicklich verhalten hatte.

Und tatsächlich, als sei das Urinieren gegen die Tempelmauer und das Sich-zur-Seite-fallen-lassen vor den Augen des Buddha nicht schon genug des Schlechten gewesen, so spürte er ganz deutlich wie hier an diesem Ort jetzt ein einziger Gedanke Besitz von ihm ergriff und sich einfach nicht zur Seite schieben ließ, so sehr er sich auch Mühe gab – der Gedanke blieb, groß, stark und deutlich: er dachte tatsächlich hier unter den Augen des Buddha an nichts anderes, als an den Tee seiner Oma. Ganz deutlich sah er die Tasse, gefüllt bis nach oben hin, vor sich auf dem roten Teppich des Tempels stehen, wie sie schwach dampfte. Er konnte den Blick nicht abwenden von dem Tee, wanderte über den Rand der Tasse, folgte dem Dampf und ließ seinen Blick immer wieder ruhen in der Blume aus Schaum, die sich seicht im Kreis drehte und mit der Zeit eine Luftblase nach der anderen platzen ließ: hätte der Kleine schon zu sehen verstanden und schon ein wenig zu hören gewußt, er hätte das monotone Singen der Stimmen - *laß los, laß es doch los, laß es doch einfach los* - bemerkt, wie es immer wieder versuchte, sich seiner zu bemächtigen. Er hätte gespürt, wie er Teil der Blume auf dem Tee geworden und mit jeder Drehung tiefer hinab bis auf den Grund der Tasse gesunken wäre, um die Worte - gesprochen nur für ihn - nicht nur zu hören, sondern auch zu verstehen, indem er sie in sich aufgenommen hätte mit jeder Drehung, mit

jedem Atemzug, mit jedem einzelnen Schluck -
gehe weich in die Welt, damit du gewappnet bist
für die Härte ihrer Tage.

Und er nahm seine Hände, griff mit beiden nach
der Tasse vor sich, neigte den Kopf ein wenig
nach vorn und erblickte das eigene Gesicht vor
sich im Spiegel der Tasse, das ihm sacht
entgegenlächelte als er sie anhob, um aus der
Tasse zu trinken und im selben Moment seine
Hände ein weiteres Mal zu einem Wai vor dem
Gesicht zusammenlegte und die dreimalige tiefe
Verbeugung gegen den Buddha ein letztes Mal
ausführte und dann leicht nach vorn gebeugt drei
Schritte nach hinten gegen Tür und Treppe zu
tun, bevor er sich mit einem letzten Blick auf die
goldene Brust des Buddha von ihm abwandte und
sich zur Tür drehte.

Inmitten dieser stand die Frau von der
Tempelmauer, und es schien, als fülle sie die
gesamte Breite der Tür aus, sodaß es für den
Jungen kein Vorbeikommen an ihr geben würde.
Und nicht weniger breit als sie selbst waren ihre
Füße, die bereits ohne Schuhe und nackt in ihrer
Breite wie mit dem Boden verwachsen waren.
Vielleicht erkennt sie mich ja gar nicht, hatte sie
mich vorhin doch nur von hinten und auch nur
kurz gesehen, ganz so, wie ich sie doch auch nur
kurz und nur aus dem Augenwinkel heraus
gesehen hatte. Aber nein, sie hätte genügend Zeit
gehabt, ihn anzuschauen als er weggelaufen war

und sich dabei sein Hemd und mehr noch seine Hose zu merken. Letzte Gewißheit, daß sie wußte, um wen es sich bei ihm handelte, konnte er schließlich aus ihrem Blick herauslesen, der – ganz unbeirrt – nicht eine Sekunde von ihm abließ.

Und weil es für ihn so gar keinen anderen Weg gab, als direkt an ihr vorbei zu gehen – konnte er doch nicht die ganze Nacht hier im Wat bleiben – ging er auf die Frau zu, blickte auch ihr nur auf die Brust und begann schließlich einen Wai[11] zu formen, kurz bevor er sich mit ihr auf gleicher Höhe befand. Und so wie er an der Tempelmauer den Schatten ihres Armes auf sich zukommen sah, mußte er auch nun erkennen, daß die Frau ihren Arm wieder hob, sodaß er instinktiv seinen Kopf einzog und schützend zwischen seinen Schultern zu verstecken suchte, wohl wissend, daß er ihrem Schlag dadurch nicht würde ausweichen können. Und da spürte er auch schon ihre Hand, als er ihr bereits so nah gekommen war, sodaß er ihren schweren Geruch durch die Nase zog, spürte ihre Hand, als sie ihm durch sein volles Haar strich und die Strähnen durch ihre Finger gleiten ließ – ein Versuch, das Chaos seiner Gefühle in eine Form, in eine Ordnung zu bringen: wenn sie mich nachher daheim fragen werden, warum ich heute erst so spät und erst jetzt im Dunkeln nach Hause käme, würde ich Ihnen sagen, daß ich heute zum ersten Mal allein im Wat gewesen wäre.

Und bald schon, als ihm seine letzten Schritte auf dem Weg nach Hause durch die bekannten Sois seiner Stadt immer leichter wurden, da erreichte ihn endlich auch der lächelnde Gruß seiner Oma, als diese die leere Teekanne und seine Tasse bei der Kochstelle in der Küche fand:

„Ja, Oma, ich darf ihn trinken, deinen Tee, immer und immer wieder!"

Die vier Thailänderinnen

Niemand, kein Freund und auch kein Feind, der vorbeigekommen wäre und die vier Frauen dort unter dem Baum hätte sitzen sehen, sollte etwas von der Dramatik erahnt haben, die sich erst vor wenigen Augenblicken dort zugetragen hatte. Jetzt, in diesen Momenten, wenn er Interesse gehabt und sich auch ein wenig Zeit gelassen hätte, dann hätte er aber vielleicht noch etwas von dem Hauch spüren können, der die Luft bewegte, als diese von der großen Schwinge, die sich nur einmal behäbig gehoben und dann wieder gesenkt hatte, kaum spürbar bewegt worden war. Und das Ganze einzig mit dem Ziel, das Haar von Mutter und Tochter zur gleichen Zeit schwach zum Wehen zu bringen, sodaß sie im selben Augenblick die Hand zum Gesicht führten, um die jeweils eigene Strähne aus den Augen zu streichen - und das alles, während sich ihre Blicke trafen und sie einander wortlos ihre Liebe reichten.

Und um wie viel mehr Liebe in ihren Blicken lag, als sie in der Lage waren, zu fassen, das hätte der Vorübergehende mit Sicherheit darin sehen können, daß es genau diese Liebe war, die auch das andere Paar - ebenfalls Mutter und Tochter - erreichte, sodaß dort Enttäuschung und Scham durch den selben Hauch des Flügelschlags davongetragen wurde, um auch an diesem Ort erneut Raum für die Liebe zu schaffen.

Jener Satz schwang noch in ihr, der Tochter, als sie vor ihre Cousine getreten war und sich vor dieser aufgebaut hatte:
„Weil ich jung bin, deshalb bekommst du jetzt keinen Mann mehr",
hatte die Cousine gesagt und dabei mit jener Sicherheit gelächelt, die nur am Anfang des Lebens steht. Mehr noch, dieser Satz bewegte sich nicht nur in ihr, er hämmerte geradezu in ihrem Kopf und brachte ihre Hände zum Zittern. Was dachte sich dieses Mädchen, ihre eigene Cousine, die doch noch so viel mehr für sie war, die sie eine wirkliche, eine echte Freundin nannte. Was dachte sich diese Freundin, diese Cousine, dieses Mädchen dabei, ihre Mutter zu beleidigen? Nicht etwa die eigene, die, von der sie großgezogen worden war, sondern die Mutter derer, die jetzt vor ihr stand mit zitternden Händen und fest entschlossen war, die eigene Mutter – dich Mutter! - zu rächen. Sie wollte deren Verletzung

wieder aufheben und ihr zeigen, daß keine
Verletzung, so schmerzhaft diese immer auch sein
mochte, in der Lage wäre, ihre einzigartige
Liebenswürdigkeit auch nur im Ansatz zu
beschädigen: sie beide waren nicht weniger als
Mutter und Tochter!

Und um wie vieles schwerer wog dann die Rüge
der Mutter:

„Du hast Unrecht getan!",

als sie sich nach Ausführung des Schlages wieder
zurück auf ihren Platz gesetzt hatte, zu Boden
schaute, die Hände, die jetzt noch mehr zitterten,
festhielt und still zu weinen begann, bevor noch
irgendeine der Frauen etwas zu sagen in der Lage
gewesen wäre. Wie auch die anderen, war sie
selbst überrascht gewesen von ihrem Handeln,
darüber, daß sie zu diesem Schlag fähig gewesen
war; sie, die kaum je einmal eine Fliege vertrieb.
Sie hatte niemand anderen geschlagen als ihre
Cousine, als ihre Freundin selbst, mit der sie
doch so viel Gemeinsames verband.

Wer hatte ihr die Hand gereicht, wenn sie der Mut
auf dem Weg verließ und sie nicht wußte, was sie
hinter der nächsten Biegung des Wegs erwartete:
es konnte nichts Gutes sein, und das Böse, das
gewiß dort auf sie wartete, wuchs und wuchs
noch mehr mit jedem Augenblick ihres Zögerns.
Und sie, die Freundin, die Cousine, lachte sie
nicht aus, als sie das Mädchen um die Biegung
geführt hatte und nichts anderes vor ihnen lag als

der Weg, den sie schon gestern und davor ewige Male gegangen waren – gemeinsam und auch allein.

Es war genau die Hand, die auch sie schon mehr als nur einmal genommen hatte, um die der Cousine, der Freundin, zu halten und sie zu führen, um auch ihr damit ein wenig Sicherheit zu verleihen: zum Trost, zur Stärkung und auch von ihr zum Mut.

Und ihre Hände waren die Zeuginnen der gemeinsamen Liebe dieser beiden heranwachsenden Mädchen, die mit ihnen langsam aber stetig über all die Jahre gewachsen war. Und all diese Liebe zerbrach mit diesem einen Satz der Freundin zu ihrer Mutter:

„Weil ich jung bin, deshalb bekommst du jetzt keinen Mann mehr!"

Und wie sehr wünschte sie sich – noch ohne, daß sie es wirklich gewußt hätte, als sie zitternd und still weinend vor sich hin schaute - daß durch diesen Schlag die zerbrochene Liebe zu ihr wiederhergestellt werden mochte. Zu vieles geschah in zu kurzer Zeit in diesem kleinen Leben, als daß sie hätte Ordnung in jenes Chaos bringen können. Und nun, als wäre das alles nicht schon schlimm genug, traf sie jetzt auch noch diese Rüge der Mutter:

„Du hast Unrecht getan!"

Es war alles viel zu schnell gegangen, und das eine Gefühl ging unter in dem nächsten, das dann schon unmittelbar und ohne Ankündigung, aber mit aller Macht aufschlug, sodaß ihr nur noch Kompliziertheit blieb, die ihr den klaren Blick auf die Dinge verstellte: Enttäuschung, Wut, der Wunsch nach Rache – und so unendlich viel Liebe, die schwankte, verschwand, sich erneut zeigte, nur, um Augenblicke später schon wieder verloren zu gehen. Das Chaos in ihr schrie, es tat ihr weh und verlangte danach, vertrieben zu werden, wenn es sich denn nicht ordnen ließ. Und da gab es nur diese eine Lösung, die sich ihr rettend anbot: so klar, so unabdingbar, so richtig! Und es schien nicht mehr sie selbst zu sein, die entschied, aufzustehen, zur Cousine, zu dem Mädchen zu gehen, sich vor diesem aufzubauen, diese mit dem eigenen festen Blick zu fesseln und mit diesem nicht nur die Cousine, dieses Mädchen, zu fesseln, sondern gleichsam die gesamte Welt, sodaß diese für Sekunden aufhörte, sich zu drehen oder auch nur irgend eine andere Art von Bewegung zu vollziehen:

„Sag das niemals wieder!",

und den Schlag gezielt, locker und aus dem Handgelenk heraus mit ihrer Rechten ausführte, sodaß deren Handrücken die Wange der Cousine, dieses Mädchens, suchte, diese fand und all das darauf platzierte, was in ihr tobte.

Die vom Blick Gefesselte fiel von dem Schlag ein wenig zurück, um sich im selben Moment auch schon wieder zu fangen, die Augen vor

Überraschung weit aufgerissen und nicht nur unfähig, sondern auch nicht willens einem eventuell folgenden Schlag auszuweichen, sodaß die Wiederholung:

„Sag das niemals wieder!",

in der schon das erste Zittern des Mädchens zu vernehmen gewesen war, vollkommen unnötig gewesen wäre. Aber das spürte sie in diesem Augenblick nicht, da sie zurück zu ihrem Platz ging und sich setzte - noch nicht, denn die Tränen suchten sich mit Macht ihren Weg, um dann still, ganz still ihren Weg auch zu finden.

„Du hast Unrecht getan!"

Welch ein Gefühl des Triumphs durfte die Geschlagene nun durch die Rüge empfinden, die auf einmal sie selbst zur Schuldigen werden ließ: wie falsch war die Liebe, die nicht zu wissen schien, wohin sie sich setzte und wen sie durch ihre Anwesenheit erhöhte. Und doch: es blieb dieser Schmerz, dieser Zweifel und diese Enttäuschung nur kurz, weil es nicht weniger war als die Liebe der Mutter, die der Rüge nach nur kurzer Zeit:

„mein Kind!",

anhängte, sodaß ihre Tränen langsam nach und nach versiegten, als sich die Blicke von Mutter und Tochter trafen, und ihr:

„Verzeih mir, bitte!",

gegenseitig austauschten und sahen – mehr aber noch spürten – wie ihnen der zarte Hauch, ausgelöst von der unsichtbaren Schwinge, durch ihr Haar wehte.

Ja, wenn der Vorübergehende guten Willens gewesen wäre, er hätte den Hauch wahrgenommen und mit diesem den großen Frieden, der mächtiger ist als alle Dramatik. Und um wie viel mehr hätte er nicht nur den Hauch, den Frieden gespürt, sondern tatsächlich die Freiheit, die reich aus der Liebe fällt.

Erläuterungen

1 **Koel:** Eudynamys scolopaceus, indischer (oder auch asiatischer) Koel ist eine Art in der Familie der Kuckucke und in Thailand weit verbreitet. Charakteristisch ist sein sehr lauter und langgezogener Ruf, den man z.B. in Bangkok häufig hört. Wikipedia schreibt: „Die Bezeichnung Koel umschreibt lautmalend den typischen Ruf der Art." Im Internet lassen sich zahlreiche Beispiele finden und hören.

2 **Soi:** eine Gasse oder kleine Straße, die von einer großen Straße abzweigt.

3 **Guave:** tropische Frucht. Wikipedia schreibt: „Der Geschmack ist süßsauer-aromatisch und erinnert an Birnen ... in Asien sind sie mit Zimt und Zucker bestreut beliebt."

4 **Christus, der ist mein Leben**, Evangelisches Gesangbuch, Lied-Nr. 516

5 **Von guten Mächten treu und still umgeben**, Evangelisches Gesangbuch, Lied-Nr. 637

6 **Khlong:** Kanal von unterschiedlicher Breite, sowohl auf dem Land und auch in der Stadt. Wikipedia schreibt: „Insbesondere in der Hauptstadt Bangkok dienten sie jahrhundertelang als Weg zur Arbeit, als schwimmender Marktplatz und letztlich zur Entsorgung der Fäkalien."

7 **Loy Krathong:** Wikipedia schreibt: „... ist das Lichterfest, das in Thailand landesweit am Tag

des Vollmonds im zwölften Monat des traditionellen thailändischen Lunisolarkalenders gefeiert wird. Es fällt üblicherweise in den November." An diesem Abend setzt man kleine Flößchen mit Kerze, Räucherstäbchen und Blumen (manchmal auch noch mit einer Münze, einem eigenen Haar oder einem Teil des Fingernagels) auf das Wasser und schickt mit diesem alle Last der Seele fort und hat auf diese Weise die Möglichkeit, das Leben wieder unbeschwert fortzusetzen.

8 **Songkran:** thailändisches Neujahrsfest, auch bekannt als Wasserfest. Traditionell werden u.a. Buddha-Figuren mit Wasser übergossen, um sie einer Reinigung zu unterziehen, und junge Leute übergießen die Hände ihrer älteren Familienmitglieder oder auch ihrer Lehrer mit Wasser. In der Moderne angekommen, finden in den Straßen regelrechte Wasserschlachten statt, bei denen buchstäblich niemand trocken bleibt (ob er will oder nicht!).

9 **Wat:** buddhistische Tempelanlage in Thailand.

10 **Bot:** eigentlich Ubosot, ist der heiligste Ort in einem Wat.

11 **Wai**: Wikipedia schreibt: „Der Wai ist eine traditionelle Geste, die in Thailand üblich ist. Sie ist sowohl eine Grußhandlung als auch eine Respektbezeugung sowie ein Zeichen besonderen Dankes oder der Entschuldigung ... Der Wai besteht aus einem Aneinanderlegen der

Handflächen, die den Körper irgendwo zwischen Oberkörper und Kopf leicht berühren. Je höher die Hände gehalten werden, desto höher ist der Respekt oder die Höflichkeit der ausführenden gegenüber der empfangenden Person."

Der Autor

Frank Chylek, geboren 1961 in Lübeck, dort Ausbildung zum Erzieher. 1983 Umzug nach Heidelberg, Zivildienst und Besuch des Abendgymnasiums, dort 1986 Abitur.

Von 1984 bis 1992 erste Schreibphase.

Zum Studium der Mediävistik, Neueren Deutschen Literatur und Evangelischen Theologie Umzug nach München – 1992 Magister Artium an der LMU München. Nach fünfjähriger Tätigkeit in der freien Wirtschaft seit 2000 Heimleiter einer stationären Altenhilfeeinrichtung in München und Berufung zum Prädikanten mit Sakramentsverwaltung in der Evangelisch-Lutherischen Kirche in Bayern.

2001 erste Reise nach Thailand, seitdem regelmäßig, mittlerweile mehrfach im Jahr mit Schwerpunkt Bangkok.

Seit 2017 zweite Schreibphase.

Mitglied der Deutsch-Thailändischen Gesellschaft.

Kontakt: KhunFrankChylek@t-online.de